CONVITE À REFLEXÃO

DARWIN E
A SELEÇÃO
NATURAL

DARWIN E A SELEÇÃO NATURAL
Uma história filosófica

Pedro Paulo Pimenta

discurso editorial

70

DARWIN E A SELEÇÃO NATURAL - UMA HISTÓRIA FILOSÓFICA
© Almedina, 2019
Publicado em coedição com a Discurso Editorial
AUTOR: Pedro Paulo Pimenta
COORDENAÇÃO EDITORIAL: Milton Meira do Nascimento
EDITOR DE AQUISIÇÃO: Marco Pace
PROJETO GRÁFICO: Marcelo Girard
REVISÃO: Roberto Alves
DIAGRAMAÇÃO: IMG3
ISBN: 9788562938252

Dados Internacionais de Catalogação na Publicação (CIP)
(Câmara Brasileira do Livro, SP, Brasil)

Pimenta, Pedro PauloDarwin e a seleção natural : uma história
filosófica /
Pedro Paulo Pimenta. – São Paulo :
Edições 70 : Discurso Editorial, 2019. – (Convite
à reflexão)

Bibliografia.
ISBN 978-85-62938-25-2 (Edições 70)

1. Ciência - Filosofia 2. Ciência - História
3. Darwin, Charles, 1809-1882 4. Evolução (Biologia)
- Filosofia 5. Seleção natural I. Título. II. Série.

19-31255   CDD-576.8

Índices para catálogo sistemático:

1. Seleção natural : Filosofia darwinista : Ciências
biológicas 576.8

Maria Paula C. Riyuzo - Bibliotecária - CRB-8/7639

Este livro segue as regras do novo Acordo Ortográfico da Língua Portuguesa (1990).

Todos os direitos reservados. Nenhuma parte deste livro, protegido por
copyright, pode ser reproduzida, armazenada ou transmitida de alguma forma
ou por algum meio, seja eletrônico ou mecânico, inclusive fotocópia, gravação
ou qualquer sistema de armazenagem de informações, sem a permissão expressa
e por escrito da editora.

Dezembro, 2019

EDITORA: Almedina Brasil
Rua José Maria Lisboa, 860, Conj.131 e 132
Jardim Paulista | 01423-001 São Paulo | Brasil
editora@almedina.com.br
www.almedina.com.br

Índice

Introdução	9
1 Uma analogia inusitada	12
2 Organismo e população	22
3 Escassez e abundância	27
4 Metáfora e experiência	35
4 Analogia técnica e finalidade	38
5 Oposição e antagonismo	44
6 Maleabilidade das formas	47
7 Um processo opaco	59
8 Um novo quadro da natureza	63
9 Da seleção natural à evolução	66
10 Ramificação ou hierarquia?	78
11 Um mal-entendido instrutivo	82
Referências bibliográfias	91

Introdução

> Toda língua é um método analítico e
> todo método analítico é uma língua.
> Uma ciência bem acabada não é mais
> que uma língua bem feita.
> Condillac, *A Língua dos Cálculos*, 1798

A história das ciências é marcada pelo uso das metáforas e analogias, empregadas como instrumentos analíticos e não apenas como recurso de estilo. A *Origem das espécies* (1859) não é exceção. Encerra-se com uma imagem de longa história – a árvore da vida – que ilustra bem o que Darwin entende como sendo a dinâmica e o resultado da seleção natural. A história da natureza orgânica é a história da sucessão dos seres vivos, que se dá, a partir de um tronco ou origem comum, em ramificações de extensão e adensamento desiguais (não em uma linha ou série ascendente) e é marcada pelas extinções (os galhos que caem, as folhas que ressecam). Referindo-se assim a um processo infinitamente mais complicado do que uma simples imagem poderia sugerir, Darwin transmite com eficácia, na conclusão de seu livro, uma ideia que vinha formulando há quase vinte anos, que exprimira em seus cadernos de notas com imagens de ramificações específicas e que, no cap. 4 do livro – justamente aquele dedicado à

"Seleção natural" – aparece esquematizada em um diagrama que foi desde sempre o espanto de seus leitores. No centro da tortuosa demonstração empreendida na *Origem das espécies*, encontra-se uma figuração que ilumina e condensa o sentido do argumento, ao mesmo tempo em que enriquece o estilo do autor.

Esse arranjo se insere em uma estruturação mais ampla, que vinha sendo montada desde os primeiros capítulos da obra, dedicados às ideias de seleção artificial (cap. 1), de seleção natural (cap. 2) e de luta pela existência (cap. 3). A ideia de seleção natural é obtida a partir de uma analogia por inversão da ideia de seleção artificial. Esta última é, para Darwin, um processo inerente às práticas de cultivo agrícola, e, embora tenha uma componente voluntária, acontece, no mais das vezes, desvinculada de intenção. Algo similar é pensado na natureza, desta vez como um efeito desprovido de agente. Quanto à expressão "luta pela existência", é metafórica, como declara o próprio autor, tem suas origens da economia política de Malthus, e, por estar vinculada à ideia de "divisão fisiológica do trabalho", também à de Adam Smith. Esses empréstimos junto ao vocabulário da agricultura e da economia são característicos de um processo que a filósofa Judith Schlanger denominou "circulação dos conceitos", e do qual a história natural e a biologia são, em particular, muito devedoras (Schlanger 1970, cap. 1; ver também Hesse 1966, cap. 1). No caso de Darwin, a economia política fornece o princípio (metafórico) de elucidação de um processo que por analogia fora compreendido a partir da agricultura.

O objetivo deste ensaio é estudar a operação desses mecanismos de transposição no interior da *Origem das espécies*, tomando como base o texto da primeira edição, de 1859. Isto é importante. Pois em edições subsequentes, principalmente a de 1872, que foi a última publicada em vida de Darwin, e em *A ascendência do homem* (1876), a circulação dos conceitos é enriquecida por outras analogias que vêm alterar, ao menos em parte, as consequências da revolução produzida no pensamento biológico quando da publicação inicial da *Origem das espécies*. Como procuraremos mostrar, essas oscilações silenciosas na teoria de Darwin só se deixam apreender através de uma leitura cuidadosa dos textos, exercício aparentemente trivial que, no entanto, permite encontrar nas páginas desses livros o testemunho da profunda, embora discreta inteligência filosófica do naturalista inglês.

1 Uma analogia inusitada

Nosso ponto de partida é a resenha da *Origem das espécies* por Asa Gray, naturalista norte-americano correspondente de Darwin e discípulo do grande Louis Agassiz (que, por sua vez, fora aluno de Cuvier). A resenha de Gary foi publicada na Atlantic Review, de Boston, em março de 1860. Asa Gray mostra-se simpático à obra, o que não o impede de colocar em questão a ideia de que a história da sucessão das formas orgânicas se daria exclusivamente ou mesmo principalmente pelo princípio da seleção natural. O que está em questão é o estatuto desse princípio: seria uma lei teórica necessária ou uma máxima empírica circunstancial? Além de se deter sobre esse ponto, Gray tenta mostrar a compatibilidade entre as ideias de Darwin e o teísmo filosófico adotado na história natural da época. Não examinarei em que medida essa tentativa tem êxito ou se é válida a contestação da necessidade do princípio de seleção natural. Direi apenas que a resenha de Gray é a única crítica contemporânea à obra de

Darwin que menciona uma questão de método que marca profundamente a *Origem das espécies* e tem consequências decisivas para o uso dos princípios teleológicos em biologia – distanciando de um só golpe a "filosofia" contida na *Origem das espécies* das velhas teorias funcionalistas de inspiração aristotélica e tornando-a arredia a tentativas de apropriação como as que serão feitas depois por Bergson, por exemplo.

Comentando a ideia de luta pela vida ou pela existência (*struggle for life, for existence*) como motor da seleção natural, exposta por Darwin nos capítulos 3 e 4 de sua obra, Asa Gray se pronuncia nos seguintes termos:

> Por curioso que pareça, a teoria [do Sr. Darwin] está fundamentada nas doutrinas de Malthus e Hobbes. O velho [Alphonse] De Candolle concebeu a ideia de uma luta pela existência, e declarou, em uma passagem que teria sido o deleite do cínico filósofo de Malmesbury, que a natureza inteira está em guerra, um organismo contra o outro ou contra a natureza exterior; é uma ideia da qual Lyell e Herbert fizeram bom uso. Apenas Hobbes, no entanto, com sua teoria da sociedade, e Darwin, com sua teoria da história natural, ergueram sistemas sobre ela. E, não importa o que os moralistas e economistas políticos pensem dessas doutrinas, em sua aplicação original, à sociedade humana, e à relação entre população e subsistência, sua

aplicação integral à grande sociedade do mundo orgânico em geral tornou-se inescapável. Ao Sr. Darwin cabe o mérito de ter estendido essa aplicação e extraído dela resultados imensamente diversificados, com rara sagacidade e incansável paciência, trazendo à luz as *verdadeiras causas* que operam no estabelecimento da atual associação e distribuição geográfica das plantas e dos animais. Deve-se reconhecer que, com isso, ele deu uma contribuição bastante importante a um interessante ramo da ciência, por mais que a sua teoria não consiga explicar a origem ou diversidade das espécies. (Darwin 2018, p. 668)

Gray tem razão. É no mínimo "curioso" que uma teoria que se propõe a explicar a sucessão das formas orgânicas esteja fundamentada não apenas no princípio da escassez de Malthus como na teoria de Hobbes sobre o estado de natureza. O que a economia política e a filosofia moral teriam a ver com o mundo natural? É uma questão que Asa Gray não responde, e ele tampouco explica a assimilação, um tanto arbitrária, e de sua responsabilidade, entre Hobbes e Malthus. São autores que falam de coisas diferentes, em suas respectivas obras: interessa a um o fundamento do poder político e da soberania, a outro a escassez dos bens de sobrevivência frente a multiplicação das populações humanas. Não se vê de imediato qual a relação entre os dois problemas.

Gray se restringe a sugerir uma síntese precária, na qual esses autores são reunidos pela ideia de guerra como combate e disputa (o que não explica o que é uma guerra de fato), apesar das diferenças entre a noção hobbesiana (a guerra como disputa pela soberania, em um estado de natureza pré-social), e a maltusiana (a guerra como disputa por recursos escassos em sociedade). Ora, para Hobbes o estado político é justamente aquele do qual a guerra está ausente, e se Malthus fala em guerra a respeito de um fenômeno político deve ser em um sentido metafórico bastante frouxo.

Vejamos como Darwin formula essa ideia. A passagem do cap. 3 a que Asa Gray se refere é a seguinte:

> A luta pela existência segue-se inevitavelmente da alta taxa em que os seres orgânicos tendem a se multiplicar. Cada um dos seres que, no período natural de sua vida, produz numerosos ovos ou sementes, sofrerá destruição em um desses períodos, ou em uma estação determinada, ou em um ano excepcional; não fosse assim, se tornariam tão numerosos, pelo princípio de sua multiplicação geométrica, que não haveria região capaz de sustentá-los. Portanto, como são produzidos mais indivíduos do que poderiam sobreviver, existe sempre uma luta pela existência, seja entre um indivíduo e outro de uma mesma espécie, seja entre indivíduos de espécies distintas, seja entre

os indivíduos e as condições de vida. É a doutrina de Malthus, aplicada, com força muitas vezes redobrada, à totalidade dos reinos animal e vegetal, nos quais não há, nem poderia haver, aumento artificial do suprimento de comida [agricultura], nem existem as restrições de prudência impostas pelo casamento [regras de parentesco]. Algumas espécies estão sempre, em um dado momento, multiplicando-se com maior velocidade do que antes; se todas o fizessem ao mesmo tempo, o mundo não teria como acomodá-las. (Darwin 1964, p. 63-64; 2018, p. 120-121)

O princípio da luta pela existência é inferido a partir de uma lei que, de tão simples, chega a ser banal: os seres vivos se multiplicam em PG, os recursos de sua subsistência em PA – Darwin não utiliza esses termos, não se explica muito a respeito, mas certamente os pressupõe, eles se encontram em Malthus. Em todo caso, essa constatação, que prescinde de toda justificação teórica (não há um porquê de as coisas serem assim), explica a escassez e a luta entre os seres vivos em "estado de natureza" (expressão recorrente na *Origem das espécies*). Ou melhor: elucida-se assim um estado de coisas que até então passara despercebido, pois não ocorrera a nenhum naturalista antes de Darwin tomar a guerra como lei necessária e principal do mundo natural como um todo (voltaremos a esse ponto mais à frente). A escassez em questão é medida não em termos absolutos, mas a partir de duas variáveis: os seres vivos se deslocam de uma região a outra em busca de recursos, que tais regiões fornecem em taxa inferior à da sua multiplicação. Por fim, como observa Darwin, seguindo de perto a 2ª edição do livro de Malthus sobre as populações, o que vale para quase todos os seres naturais não se aplica tão rigorosamente à sociedade humana, na qual a agricultura e o parentesco são atenuantes da luta de todos contra todos. Na sociedade, o equilíbrio vem de uma regulação extrínseca às relações; na natureza, é produto de um ajuste espontâneo. Trata-se, portanto, de uma concepção dinâmica do estado de equilíbrio.

O débito para com Malthus é declarado desde a introdução da *Origem das espécies*:

> O capítulo terceiro é dedicado à luta pela existência entre os seres orgânicos ao redor do mundo, consequente ao seu elevado poder de multiplicação em razão geométrica. É a doutrina de Malthus, aplicada à totalidade dos reinos animal e vegetal. Como nascem muito mais indivíduos de cada espécie do que os que poderiam sobreviver, e como, por conseguinte, há uma constante e recorrente luta pela existência, segue-se que qualquer ser, desde que varie em benefício próprio, um mínimo que seja, terá, dadas condições de vida complexas e não raro também variáveis, mais

chance de sobreviver e, assim, de ser *selecionado naturalmente*. E, graças ao poderoso princípio da hereditariedade, qualquer variedade selecionada tenderá a propagar a nova forma modificada. (Darwin 1964, p. 4-5; 2018, p. 43).

Nessa passagem tão importante, a seleção natural desponta não como um princípio a priori mas como efeito a posteriori, constatado retrospectivamente, de uma situação de pressão constante sobre a forma dos seres vivos, exercida pelo meio, ou, mais precisamente, pelas necessidades de adaptação impostas pela disputa entre os recursos que garantem a sua sobrevivência.

A segurança e a franqueza com que Darwin declara em 1859 a filiação de sua ciência à obra de um teórico da economia política pode ser explicada pelo fato de a ideia não ser nova, e ter ocorrido a ele cerca de 15 anos antes, em 1844; está registrada em um manuscrito que permaneceu inédito até 1858, quando foi parcialmente tornado público em uma sessão da Linnean Society, em Londres. Da leitura feita nessa ocasião pelo geólogo Charles Lyell e pelo botânico Joseph Hooker (o primeiro um aliado reticente, o segundo um discípulo convicto), destacaremos o seguinte trecho:

> Em uma passagem eloquente, Alphonse de Candolle declarou que a natureza inteira está em guerra, um

organismo contra o outro ou ainda contra a natureza externa. É algo de que poderíamos duvidar, à primeira vista, diante da tranquila face com que ela se apresenta a nós; mas a reflexão prova que é a mais pura verdade. É uma guerra não constante, mas recorrente, travada em graus mínimos, por breves períodos, eventualmente severa, em períodos distantes entre si; por isso, é fácil subestimar seus efeitos. Trata-se aqui da doutrina de Malthus, aplicada à maioria dos casos com dez vezes mais força. Em todo clima há estações de maior ou menor abundância para cada um de seus habitantes, de modo que em nem todas as épocas do ano haverá comida para todos. Então, a restrição moral que, embora em um grau tênue, limita o gênero humano, simplesmente não existe. Mas, mesmo o gênero humano, que se reproduz lentamente, dobrou de tamanho em 25 anos; e, se o seu suprimento pudesse aumentar com mais facilidade, dobraria em ainda menos tempo. Porém, para animais desprovidos de meios artificiais, a quantidade de alimento para cada espécie deve ser *em média* constante, enquanto o aumento dos organismos tende a ser geométrico, ocorrendo, na ampla maioria dos casos, em um ritmo rapidíssimo. (Darwin 2018, p. 642)

Tomados em conjunto, esses textos corroboram amplamente o ponto para o qual Asa Gray chamará a atenção em sua resenha. A ordem natural, diferentemente do que muitos newtonianos costumavam pensar no século XVIII, não é a de uma harmonia comparável a um espetáculo teatral ou de um quadro sublime – as duas analogias empregadas por Kant, por exemplo, na *Crítica da razão pura*. Na natureza como na sociedade humana, onde a escassez maltusiana projeta um estado de disputa constante entre os indivíduos, a ordem se deixa compreender mais nitidamente a partir da ideia de uma guerra permanente, de todos contra todos; os seres vivos disputam ferinamente os recursos necessários à sua sobrevivência, de maneira tal que evoca de perto as disputas dos homens pelo poder de dominação sobre os demais. Em ambos os casos, a vida é um "direito" provisório, consequente à destruição de certo número de indivíduos congregados (num grupo político, numa espécie), que depende, para ser garantida, da vigência dos termos (ou do contrato) em que a ordem é estabelecida (contrato deliberado e permanente na sociedade, espontâneo e provisório na natureza). Opera aí certa de ideia de soberania que Darwin assimila, um pouco livremente, não ao domínio de um senhor, mas à posse imediata, constatada fisiologicamente, dos meios de sustento e sobrevivência dos seres vivos. Posse individual cujo benefícios e traduz na existência mesma disso que se chama "espécie", termo que, para Darwin, significa apenas a permanência intertemporal de uma variedade ou raça em um ou muitos espaços determinados dos quais indivíduos tomam posse na medida em que se apropriam do necessário à sua sobrevivência e propagação.

Como dissemos, a expressão "estado de natureza" é utilizada por Darwin repetidas vezes ao longo da *Origem das espécies* e refere-se em geral a uma ordem em que a seleção se dá sem a intervenção do artifício humano (que produz uma "seleção artificial"), e em particular a uma situação de disputa incessante entre as espécies, caraterizada por luta pelo domínio de territórios. É um tema recorrente nos capítulos 9 a 12, talvez os menos estudados do livro, nos quais as relações entre os organismos são projetadas no pano de fundo de um espaço limitado, configurado por fenômenos geológicos e atmosféricos alheios aos seres vivos, cuja sucessão se dá em uma série paralela à deles e que, não obstante, determina em grande medida a sua sorte. Na conformação geológica do planeta Terra, Darwin encontra um "estado de natureza" em que os recursos são dados em territórios, em que as disputas por esses espaços marcados por uma diferença relativa à abundância de recursos adquirem as tintas de uma guerra pela soberania que tem um *valor* bem determinado – e bastante alto: a obtenção do prêmio máximo que é a vida.

2 Organismo e população

Que a ideia utilizada por Darwin se deve de fato a Malthus, fica claro pela leitura do primeiro capítulo do *Ensaio sobre população* (1798), onde se afirma que as populações humanas crescem desmesuradamente em relação ao que a natureza tem a oferecer para seu sustento. Malthus chega a oferecer uma rápida analogia com o que acontece nos "reinos animal e vegetal" (presume-se que o homem esteja incluído no primeiro, não seja um reino à parte; é uma ambiguidade que, como veremos mais à frente, tem consequências importantes). Assim, observa Malthus, parece que "a Natureza", ao mesmo tempo em que foi generosa ao "espalhar as sementes" de multiplicação das plantas e dos animais, mostrou-se "avara" no suprimento de suas necessidades. Ou, em termos sucintos:

> Nas plantas e nos animais irracionais, esse ponto se afigura de maneira simples. São todos impelidos por

um poderoso instinto da multiplicação (*increase*) de sua espécie, e esse instinto não é interrompido por dúvidas relativas à provisão do sustento de sua prole. Portanto, onde quer que haja liberdade (*liberty*), o poder (*power*) de multiplicação é exercido, e os efeitos superabundantes são depois suprimidos por falta de espaço (*room*) e alimento. (Malthus 2008, p. 3)

O princípio de equilíbrio desenhado na Natureza, que Malthus logo em seguida aplicará à parcela "racional" ou "moral" da "Criação" (a espécie humana vivendo em sociedade), consiste na "supressão" dos "efeitos superabundantes" pela falta de "espaço e nutrição", ou, em outros termos, na contenção de um instinto que, deixado a si mesmo, não conhece limites. Fica claro, assim, que a Natureza de Malthus não é racional no sentido newtoniano do termo, que, como observamos, predomina no século XVIII. Ela não tem um desígnio, não é uma ordem pautada por uma intenção, mas antes, conta com um dispositivo de regulação, que, presume-se, é produzida no bojo do processo (a escassez é um problema a ser resolvido de imediato, e varia conforme as circunstâncias, não uma variável dada de antemão que possa ser antecipada com um desígnio ou com um cálculo). Em suma, a lógica identificada por Malthus é uma solução particular, de ordem "moral" ou "racional", resultante de uma situação problemática determinada (os seres humanos calculam e maximizam, ainda que em limites mais estreitos que os admitidos pela metafísica de Bentham; já o restante da natureza, não: até onde alcança a observação empírica, livre de extrapolações filosóficas, parece seguro afirmar que os seres vivos não são dispositivos utilitaristas).

Em toda essa discussão, Malthus lança mão do termo "liberty", ligando-o às ideias complementares de "poder" (*power*) e de espaço ou território (*room*). (Malthus 2008, p. 5). Trata-se aí de liberdade na acepção política do termo, que, na economia política britânica, é diferente da ideia exprimida pelo termo *freedom*, ligado ao arbítrio da vontade: liberty costuma ser um termo associado a uma liberdade concedida por instituições, e, portanto, condicionada por leis – no caso, pelas leis do instinto natural. Ora, a nenhum naturalista do século XVIII ocorreria falar em Liberdade (liberty, liberté, Freiheit) a propósito do mundo natural: era claro que a aplicação conceitual do termo e de seus correlatos se restringia à teoria política. O fato é que, com essa licença gramatical que beira a inadequação, Malthus abre todo um campo especulativo que antes não existia ou permanecera como que invisível. Como fará Darwin depois dele, observa que "os efeitos dessa restrição, no homem, são mais complicados", e parte de dois axiomas: o alimento é necessário à subsistência da espécie humana, assim como as relações entre os sexos (praticadas com maior assiduidade pelas classes populares, nas quais as restrições morais atuam com menos força – *sic.*). Permanecendo as coisas como estão no que diz respeito ao fornecimento de subsistência e à taxa de multiplicação, tem-se um desequilíbrio tão natural quanto aquele de que padecem os seres irracionais. É então que ocorre a Malthus pensar essa situação matematicamente, introduzindo a analogia geométrico-aritmética para representar situações que se dão, na natureza ou em sociedade, historicamente, isto é, são verificadas, reiteradas, ajustadas ou desmentidas por processos que, a rigor, teriam de ser observados e medidos para ser confirmados e validados teoricamente. (Malthus 2008, p. 6-7). Do que se segue a necessidade de paliativos de ordem moral, impostos, inclusive, à parcela menos refletida do gênero humano, pela mais cultivada: os homens instruídos ensinam aos ignorantes as benesses do controle populacional (pela via da repressão do desejo sexual: a economia política já se tornara a essa altura uma ciência com laivos puritanos).

Seja como for, desde o início da exposição de Malthus fica em aberto o estatuto da lei do equilíbrio (ou desequilíbrio) natural que incide nas sociedades humanas. Descritiva por certo, atinaria ela com uma componente necessária da experiência? Seria a expressão de uma imbricação ontológica entre o mundo social e o mundo natural, validada por uma *razão*?

Em certo sentido, é o que Malthus parece pensar. Como observou William Hazlitt, um dos primeiros e mais veementes críticos do *Tratado das populações* (Hazlitt 1994, p. 182), não é que as séries aritmética e geométrica nem sempre sejam verdadeiras; é que, pensando bem, "elas nunca o são", isto é, são sempre um adendo – transcendental, poderíamos acrescentar – a uma experiência que, em si mesma, permanece irredutível a um método de compreensão cuja finalidade última é, de resto, administrativa: a economia política é uma teoria do Estado, e vê as coisas pela ótica do interesse deste, distorcendo deliberadamente o que seria uma imagem mais fidedigna dos fatos empíricos. Essa perspectiva reduz os dados empíricos a contingências cuja inteligibilidade depende de um a priori conceitual (neste caso, geométrico-aritmético). Retomando um postulado da economia política clássica, Hazlitt acrescenta que o interesse do Estado consiste, sobretudo, na manutenção de uma taxa populacional constante e razoavelmente previsível, que permita ao soberano, inclusive, estipular o número de almas à sua disposição na guerra, sem que esse sacrifício redunde em prejuízo de braços para a agricultura e manufatura. Eis a razão (de Estado) por trás da economia política do desequilíbrio. Desaparecerá quando esta for transposta aos seres vivos em "estado de natureza".

3 Escassez e abundância

Ao que tudo indica, estaríamos testemunhando aqui o nascimento de uma nova ramificação da história natural – a teoria da evolução – a partir de uma assimilação estritamente teórica, ou, rigorosamente dizendo, *especulativa*, entre o "estado de natureza" da teoria política e a "escassez" da economia política e o "mundo natural" que os naturalistas vinham tentando sistematizar, com êxito variado, desde meados do século XVIII (Lineu, Maupertuis, Buffon etc.). Mas esse diagnóstico, embora atraente, é apenas em parte verdadeiro. Como sempre é o caso na avaliação da originalidade de Darwin, é preciso não esquecer seus predecessores, que muitas vezes forneceram a ele os elementos necessários para que uma nova teoria pudesse surgir. Assim, é um consenso entre os estudiosos que a concepção de tempo geológico presente na *Origem das espécies*, fundamental para que se possa conceber o processo de seleção natural em uma escala adequada, é herdada, praticamente intacta, dos *Princípios de geologia* de Lyell (1837). No caso que nos interessa, deve-se à *Filosofia Zoológica*, de Lamarck (1809), a concepção da natureza como domínio de uma economia marcada por relações entre produção e consumo que ditam a sobrevivência ou o desparecimento dos seres vivos. Com uma diferença curiosa, pois, para Lamarck, o mundo natural é um mundo de abundância, de plenitude e não de falta.

Essa concepção é exposta no cap. 4 do livro, intitulado, de maneira pouco promissora, "Considerações gerais sobre os animais" (o que indica que ele tem para Lamarck uma importância secundária, e os pontos ali expostos não estão no centro de sua teoria). É uma diferença notável em relação a Darwin, que inverte os termos da questão: em vez estudar a forma dos seres vivos e tratar suas relações como circunstâncias secundárias, ele dá a estas a prioridade e trata a forma como circunstancial. Mas ouçamos Lamarck, para ver quais os lineamentos de sua teoria econômica do mundo natural (por ser um texto pouco conhecido, cito-o por extenso):

> Entre os dois reinos de corpos vivos, aquele que compreende os *animais* parece muito mais rico e variado que o dos *vegetais*, e é, ao mesmo tempo o que oferece, como produto da organização, os fenômenos mais admiráveis. A Terra, em sua superfície, no seio das águas e, de algum modo, nos ares, é povoada por uma infinidade de diversos

animais, cujas raças são tão diversificadas e numerosas, que boa parte delas escapa às nossas investigações. (...) Uma única classe de animais invertebrados, como a dos insetos, por exemplo, equivale, pelo número e pela diversidade dos objetos que compreende, ao reino vegetal inteiro. A dos pólipos parece ser ainda mais numerosa, e jamais poderemos nos vangloriar de conhecer a totalidade dos animais que fazem parte dela. Devido à extrema multiplicação de pequenas espécies, sobretudo de animais imperfeitos, a multiplicidade de indivíduos impediria a conservação das raças e o progresso adquirido no aperfeiçoamento da organização, ou, numa palavra, a ordem geral, se a natureza não adotasse precauções para restringir essa multiplicação a certos limites que se mostram intransponíveis. Os animais se alimentam uns dos outros, exceto pelos que vivem de vegetais, que, no entanto, se expõem a ser devorados pelos carnívoros. Sabe-se que os mais fortes e mais municiados se alimentam dos mais fracos, e as grandes espécies devoram as menores. Todavia, indivíduos de uma mesma raça raramente se alimentam uns dos outros, a guerra que eles travam é contra outras raças. A multiplicação espécies de animais é tão considerável, e a renovação das gerações é tão rápida, que essas pequenas espécies tornariam o globo inabitável para outras, se a natureza não tivesse estabelecido um termo para a sua prodigiosa multiplicação. Mas por servirem de presa para uma multidão de outros animais, pela duração da vida delas ser bastante limitada e que a diminuição da temperatura as faz desaparecer, a quantidade dessas espécies encontra-se sempre na justa proporção para a conservação seja de suas raças seja de outras. Quanto aos animais maiores e mais fortes, eles se tornariam dominantes e prejudicariam a conservação de muitas outras raças se pudessem se multiplicar em grandes proporções. Mas suas raças devoram-se umas as outras, e elas se multiplicam lentamente e em pequenas quantidades por vez, o que contribui para a conservação de certo equilíbrio já existente. Por fim, apenas o homem, considerado à parte quanto a tudo o que tem de particular, parece poder se multiplicar indefinidamente, pois sua inteligência e seus meios o colocam ao abrigo de ver sua multiplicação estancada pela voracidade de alguns animais. A supremacia que ele exerce sobre os demais é tamanha, que em vez de temer as raças de animais maiores e mais fortes, é capaz de destruí-las e restringir o número de seus indivíduos. Mas a natureza lhe concedeu inúmeras paixões que se desenvolvem juntamente com sua inteligência, impondo um grande obstáculo à multiplicação extrema dos indivíduos de sua espécie. O homem parece estar encarregado de reduzir incessantemente o número de seus semelhantes, pois jamais, ouso dizê-lo, a Terra estará coberta pela população que ela poderia alimentar. Muitas de suas partes permanecerão esparsamente habitadas, embora essa afirmação dependa de um tempo que permanece, para nós, incomensurável. Assim, por precauções sábias, tudo se conserva na ordem estabelecida. As perpétuas mudanças e renovações nela observadas são mantidas em certos limites, impossíveis de ultrapassar. Todas as raças de corpos vivos subsistem, malgrado as variações. Os progressos adquiridos com o aperfeiçoamento da organização não se perdem, tudo o que parece estar em desordem, como as inversões e anomalias, termina por retornar à ordem geral e contribui para ela. Sempre, por toda parte, a vontade do Autor supremo da natureza e de tudo o que existe é invariavelmente executada. (Lamarck 2019)

Nesse texto fascinante, o homem desponta como o superintendente da ordem natural. Guiado por seus instintos seguros, ele agride seus rivais mais diretos – os grandes mamíferos – e assegura, com a destruição de muitos indivíduos (mas não de espécies inteiras: estas subsistem, na teoria de Lamarck, como uma necessidade de ordem física), a ordem constante da natureza e a abundância dos nutrientes necessários à subsistência dos organismos. Essa superabundância não se realizaria por si mesma, sem a presença do homem; mas, na medida em que este a realiza, ela é inteiramente natural. Para Lamarck, graças à autoridade despótica, quase tirânica, de nossa espécie, a natureza encontra um equilíbrio inviolável. A guerra constante é um instrumento da ordem, e assemelha-se mais à intervenção de um policiamento interno do que a uma guerra civil. Não é difícil reconhecer aí uma apropriação dos elementos da teoria econômica da escola francesa dita "les économistes" e conhecida pelo nome de Fisiocracia. No plano dos princípios, a abundância da terra como fonte e origem de todo valor; no das finalidades, a obtenção e manutenção do equilíbrio natural na produção, circulação e distribuição da riqueza; no dos meios, a autoridade despótica de um soberano que, auxiliado por superintendentes, garante a execução de tais desígnios na obtenção dos resultados almejados.

O tópico da guerra do homem contra outras espécies não é, de modo algum, estranho à história natural. Talvez sua formulação mais cristalina, mais franca, encontre-se em Buffon, que não se cansa de reiterá-lo, sob diferentes ângulos, nos muitos volumes da *História natural* (1749-1778). Um bom exemplo é o discurso sobre "Os animais carnívoros" (vol. VII, 1758), onde o homem é assimilado aos "animais nocivos" (*animaux nuisibles*), ou perigosos, por oposição aos "animais úteis" (*utiles*), ou domesticáveis. Sabe-se que esse perfilhamento tem como contraparte a constatação de que "na mesma medida em que o homem se eleva acima do estado de natureza, os animais se rebaixam em relação a ele, submetidos e reduzidos à servidão, ou tratados como rebeldes e dispersados pela força, suas sociedades desaparecem, sua indústria se torna estéril, suas débeis artes desaparecem" (*O castor*, VIII, 1760). Vale dizer, a "cultura" nada mais é que o resultado do triunfo impiedoso do homem em relação aos outros seres vivos, sua "civilização" é o resultado de uma guerra de destruição implacável cujo resultado direto é a pulverização das sociedades de animais em indivíduos isolados "que tentam apenas sobreviver" e perdem toda a sua capacidade de aprimoramento natural. Como observa Buffon, "se, como é de esperar, a espécie humana continue, com o passar do tempo, a ocupar, como tem feito, a superfície da Terra, em poucos anos a história de nossos castores poderá ser considerada uma fábula". (*Os animais selvagens*, VI, 1756, p. 707) Quadro desolador, por certo, mas que não deixa de responder, em certa medida, ao equilíbrio geral da Natureza: "a morte violenta tem uma utilidade praticamente tão necessária quanto a lei da morte natural, são dois meios de destruição e renovação, um serve para prescrever a eterna juventude da Natureza, o outro para manter a ordem dos produtos e limitar as populações (*le nombre*) das espécies". (*História dos animais selvagens*, vol. VIII, 1758)

A ideia de equilíbrio econômico é, portanto, indissociável daquela de uma guerra na qual o valor de uma espécie triunfa sobre os de outras e impede a prosperidade destas. Asa Gray estava certo, afinal: falar em luta pela sobrevivência é voltar não somente a Malthus, mas também, e, vemos agora, principalmente a Hobbes, autor que, longe ser estranho aos naturalistas, ressoa por toda parte na obra de Buffon bem como na passagem de Lamarck que destacamos.

Portanto, quando Darwin recorre a Malthus, está realizando, pouco importa se deliberadamente ou não, uma crítica da economia natural de Lamarck e de Buffon – assim como a economia política britânica fizera em relação à fisiocracia francesa. Ao mesmo tempo, apropria-se da ideia de luta do homem contra outras espécies e a estende ao estado de natureza em geral, tomando agora a ideia de soberania como posse territorial dos meios de sustento. Não faz figura, na *Origem das espécies*, a guerra que o homem constantemente deflagra contra a natureza. Estaria ela banida do horizonte darwiniano? Voltaremos à questão no devido momento.

4 Metáfora e experiência

Essas e outras teorias acerca da ordem natural no que tange às formas organizadas poderiam ser vistas como resquícios fantasiosos de uma época em que a ciência propriamente dita ainda não se consolidara e os estudiosos da natureza eram forçados a recorrer a suplementos metafóricos e outras quinquilharias para dar conta de fenômenos que eles não conseguiam explicar. E, de fato, há algo de romanesco ou de poético, como se preferir, na ideia de que os seres vivos estão em perpétuo combate, como os homens no estado de natureza hobbesiano. Mas não custa lembrar que mesmo esta última concepção, que seu autor apresenta como um conceito teórico purgado de toda imaginação, será vivamente contestada, de Hume a Rousseau, como não passando disso mesmo, um rebento da imaginação poética que em nada contribui para a verdadeira ciência política. Feito o diagnóstico, porém, Hume se apressa em explicar que há guerra de todos contra todos por toda parte na história política, sempre que um corpo político se desfaz, e Rousseau consigna à vida das sociedades mais polidas e refinadas essa mesma guerra que Hobbes quisera encontrar antes do estado social. Portanto, não é que a metáfora não tenha valor de explicação, o que está em questão é saber ao certo o que ela realmente é capaz de explicar.

Outra coisa não acontece na história natural. Como vimos, enquanto Buffon vê na espécie humana um tirano que remodela o mundo natural conforme suas necessidades e caprichos, tendo, inclusive, de reafirmar seu domínio constantemente, frente à contestação de espécies que ousam disputá-lo, para Lamarck, a guerra do homem contra os demais seres vivos é o mecanismo sem o qual sequer haveria ordem natural: sem a destruição causada pela espécie humana, a Natureza seria um caos em que os elementos se encontrariam em permanente conflagração. Para Buffon, importa a ideia de soberania; para Lamarck, a de riqueza. Esses modelos teóricos bastante distintos são legitimados de dados de perfis bastante particulares. Lamarck, botânico de formação, faz a anatomia dos vermes e moluscos. Buffon, físico de formação, privilegia, auxiliado por Daubenton, a anatomia comparada dos grandes mamíferos.

Darwin, por seu turno, além de ser um naturalista completo, é também geólogo, sabe ver no mundo natureza a escansão de duas séries temporais paralelas, a do vivente e a do meio circundante. Sua luta pela existência não se deixa situar em um recorte temporal limitado, e o equilíbrio geral que dela resulta, embora pareça, à nossa observação, produzir quadros estáticos, é feita de ajustes constantes, que nos escapam e dos quais a paleontologia oferece, se tanto, um registro lacunar. É claro que as informações de que Darwin dispõe, muito mais numerosas que aquelas ao alcance de Lamarck, que dizer de Buffon, e o fato de ter sido um viajante tarimbado, ao contrário da grande maioria de seus predecessores, são circunstâncias decisivas para a produção da nova síntese teórica. Mas, como ele mesmo deixa muito claro em diversas ocasiões, isso não o imiscui de um ajuste de contas gramatical com modelos teóricos precedentes, que fornecem à seleção natural referências conceituais que deverão ser revistas, ajustadas e aperfeiçoadas. Entre a cogitação, de um lado, e a observação e a experimentação, de outro, procedendo à maneira canônica das gramáticas clássicas, atentas ao condicionamento das normas gerais pelos usos particulares, a história natural terminará por forjar, pelas mãos de Darwin, uma ideia autêntica, que os teóricos da filosofia política ou da economia não puderam entrever: no bojo da seleção natural, encontra-se a sobrevivência dos mais capacitados (*survival of the fittest*).

5 Analogia técnica e finalidade

A ideia de seleção natural, tal como esboçada por Darwin, embora aparentemente simples, é, na verdade, bastante sinuosa. Pode-se compreendê-la como um efeito, consequente à escassez de recursos (ou penúria) frente à multiplicação dos seres vivos. Esta é desenfreada: a natureza orgânica não é "programada" para se adaptar ao meio, essa adaptação ocorre, mas se dá às cegas e é um processo deselegante, por assim dizer: indivíduos competem com indivíduos, variedades se impõem a outras, espécies consolidadas, que pareciam perfeitamente adaptadas, são destruídas. A forma é maleável e indefinida, e as funções são contingentes nesse processo de sucessão um tanto estabanado, que produz, contudo, efeitos regulares.

Às vezes Darwin não consegue evitar a personalização da "seleção natural" como agente. Ao longo do livro, somos informados de que ela faz isto ou aquilo em prol dos indivíduos ou para o bem deles;

seria movida por uma intenção, ou, ao menos, por alguma previsão? Seria um agente maximizador, um cálculo não-intencional de utilidade? A redução utilitarista, que parece atraente a muitos leitores e tem um sabor vitoriano que combina com o do estilo de pensar e de escrever darwiniano, embute, no entanto, um risco considerável: a personificação remete em última instância a um agenciamento, e este, a uma capacidade de previsão. Haveria uma finalidade da natureza?

Os estranhos preceitos bentanianos, se adotados sem mais, nos devolvem ao seio da velha querela entre teísmo e panteísmo, e estamos à beira de entrever, na ideia de seleção natural, uma afinidade com a esplêndida e excêntrica doutrina da natureza plástica. Formulada em 1678 pelo filósofo inglês Ralph Cudworth, ela propõe que haveria no mundo natural um poder de conformação cego, orientado – à maneira de um programa – pela intenção do Criador. Esse poder acerta, via de regra, mas nem sempre, pois não raro produz desvios, monstruosidades, aberrações. O que explica para Cudworth porque, malgrado a sabedoria do Criador, a Natureza tem tantas imperfeições. Mas não é disso que se trata para Darwin. A eventual personificação na seleção natural no texto da *Origem das espécies* deve-se a uma razão bem precisa: sua força. As transformações verificadas na história da natureza – reconstituída pela observação de seu estado atual e pela dos registros fósseis – parece indicar de maneira tão evidente a atuação de um processo de seleção que incide diretamente na conformação dos seres vivos, que quase não há como se referir a esse princípio, assim constatado, sem um resquício de personificação, como se fosse realmente um agenciamento, quando o que o termo descreve é um fenômeno que, a frio, se resume a isto: populações de indivíduos disputam recursos entre si, alguns são eliminados, outros sobrevivem, há pequenas diferenças formais entre eles, que se perpetuam por descendência, as variedades mais duradouras e mais numerosas são consideradas pelo naturalista como espécies.

Um dos acertos de Darwin foi a ideia de começar um tratado de história natural com um capítulo dedicado não à seleção natural, que é seu tema, mas à seleção artificial, que não é bem uma questão de história natural, mas de economia doméstica (Darwin 1964, cap. 1). Seria como abrir um tratado de botânica com um capítulo sobre a arte da jardinagem. Golpe de mestre: discorrendo sobre uma verdadeira mania inglesa na época, a criação de pombos, cães, ovelhas, bois e outros animais domésticos, no mais das vezes para fins comerciais, Darwin pode mostrar o que entende pela ideia de seleção, apelando a fenômenos e práticas que os leitores conhecem bem. Esse propósito didático é acompanhado por uma preocupação filosófica. Pois, se há na seleção artificial uma intenção – os criadores de cães de uma raça qualquer querem manter a "pureza da linhagem" para vendê-los a preços compatíveis com animais de caraterísticas bem definidas –, Darwin nota que esses processos artificiais surgiram de maneira completamente não-intencional e continuam a trazer essa marca em muitos casos. Os primeiros homens que selecionaram raças de cães ou de gado o fizeram sem perceber que o faziam, e, procedendo assim, acertaram e tiveram êxito. Quer dizer que se a seleção artificial pode ser aprimorada por uma arte, e é marcada por uma intencionalidade, nem por isso ela deixa de ser, em suas origens, *unconscious*, não consciente, inadvertida, sem deliberação, oferecendo uma imagem aproximada da seleção natural, que é perfeitamente não-intencional na medida em que não tem um agente, mas é provocada pelas "condições de existência" – no caso, a disputa pelos seres vivos dos recursos aptos a mantê-los. É o suficiente para inserir Darwin naquela tradição filosófica que, de Hume a Kant, passando por Diderot, encontrou na técnica humana uma imagem imperfeita ou aberrante do que seria uma técnica da natureza – passo decisivo para uma revisão crítica da ideia de finalidade natural.

De fato, uma das maneiras de ler a *Origem das espécies* é como mais um episódio da longa reflexão, ocorrida no século anterior, acerca da ideia de que a natureza atua tecnicamente, o que põe a questão de saber se haveria ou não uma intenção por trás dessa atividade. As ideias de Darwin a respeito podem ser inferidas a partir da engenhosa abertura do livro, que nos convida a considerar a ideia de seleção natural a partir da seleção artificial. O que esta última mostra? Que as formas orgânicas, longe de serem condicionadas pela ideia de uma estrutura geral inalterável, longe de serem formas arquitetônicas em que cada parte existe em função das demais e determina o todo, são variáveis e acomodam, através das gerações, mudanças distintivas que podem ou não se manter por mais ou menos tempo. Um organismo não é uma unidade isolada e à parte, essencialmente diferente da natureza circundante: interage com os elementos físicos e é condicionado, principalmente, pela convivência conflituosa com outros organismos.

É mais ou menos isso que acontece na seleção natural. Ou melhor: em termos estritamente teóricos, é exatamente isso o que a ideia de seleção natural pressupõe, pois interessa a Darwin destacar a ideia de *seleção em geral*. A seleção artificial ilustra, em escala limitadíssima, o que acontece na natureza por toda parte e em todas as épocas; nesse sentido, sua componente não-intencional é o mais importante, pois a deliberação de produzir uma linhagem surge apenas depois de longa prática de miscigenação irrefletida entre animais criados por homens que não pensam nesses assuntos a atinam com formas que muitas vezes desparecem, malgrado suas qualidades aparentes. É importante, insiste Darwin, que tenhamos em mente essa diferença de escala, pois só assim poderemos compreender que, se a seleção artificial se mantém graças à intervenção humana, ou a uma *técnica de criação*, a seleção natural ocorre espontaneamente, é uma *lei da natureza* do mesmo gênero que a gravitação universal (Newton), tão necessária como ela e, portanto, válida irrestritamente para todos os organismos em todas as épocas. Para compreender sua atuação, o naturalista deve distinguir lei e técnica, e, uma vez feito isso, abrir mão do postulado de que a seleção natural atuaria segundo uma intenção. No lugar desta, surge o imperativo da disputa: se o ser vivo se define por uma fisiologia, ou por uma "economia animal", urge suprir as necessidades desta para que a vida se mantenha e a morte seja postergada.

6 Oposição e antagonismo

A luta pela existência opõe principalmente um ser vivo a outro; a oposição entre o ser vivo e o meio é secundária em relação a ela, até porque muitos seres vivos, além de se deslocarem e realizarem outras funções fisiológicas, alimentam-se de outros, sem o que não poderiam realizar essas funções. (Darwin 1964, cap. 3) Os organismos disputam os recursos distribuídos espacialmente em uma região qualquer do globo, e a ideia de adaptação não é, como se costuma pensar, a de modificação da forma por exigência das condições externas; implica algo bem diferente, a saber, a alteração mínima da forma, como meio de adquirir uma vantagem adaptativa *em relação a indivíduos rivais*, muito próximos genealogicamente, na disputa pelos recursos escassos – isto é, escassos na medida em que sua taxa de multiplicação não acompanha a dos seres em busca de sustento. É uma concepção que se diferencia de toda uma tradição, vinda de Cuvier e Lamarck, Bichat e Claude Bernard, na qual a luta pela existência é fundamentalmente uma decorrência da oposição entre o meio externo e meio interno no qual a vida prospera resistindo aos elementos atmosféricos (Lamarck) ou geológicos (Cuvier) que a agridem. Permanece em Darwin a ideia de fundo, presente nesses autores, da vida como luta do indivíduo em face de condições hostis de sobrevivência: é uma ideia estranha ao século XVIII, mas que se tornara, em 1859, um lugar-comum. Mas ela é relativizada.

De acordo com Georges Canguilhem, no clássico ensaio "Le vivant et son milieu" (Canguilhem 1966), Lamarck ofereceria o protótipo dessa concepção, mas ela coaduna também com Cuvier, cuja teoria explica a forma dos seres vivos a partir da necessidade de adaptação ao meio: cada organismo responde a uma necessidade específica, a vida assinala sua capacidade de resistir à agressão do meio, a morte a derrota nessa luta. (Em Lamarck, há algo similar, mas com um atenuante decisivo: como o organismo surge a partir da atuação das mesmas forças físicas que governam a matéria no meio externo, ele é capaz de assimilar, até certo ponto, a agressão desse, a adaptar sua forma a suas exigências, tornando-a hereditária. Em Cuvier não: a mudança radical do meio destrói a espécie). Vigora aí uma concepção na qual o organismo é pensado como unidade funcional integrada, ou, para falarmos com Kant, totalidade encerrada em si mesma, determinada pela relação recíproca entre as partes que a constituem. Essa combinação será associada por um Bichat, por exemplo, a uma força vital, que oferece uma resistência à agressão do meio e mantém o organismo integralmente, isto é, até o momento em que sua desintegração se torna inevitável e a morte se avizinha. Para Darwin, essa oposição não tem muito sentido: é o desaparecimento de certas formas que, afinal, garante a perpetuação de outras. Da luta do organismo contra o meio indiferente ao combate entre as formas orgânicas, desfaz-se a oposição entre a vida e a morte.

7 Maleabilidade das formas

A mudança de foco proposta por Darwin (notada por Canguilhem) permite pensar que os seres vivos são dotados de uma plasticidade de grau indefinido, variando sua forma, em detalhes maiores ou menores, sempre que necessário, em um processo de incremento de uma estrutura básica originária que se torna paulatinamente mais ou menos complexa. Darwin fala em arquétipos dos seres vivos, mas, quando utiliza essa palavra, não se refere com ela a ideias transcendentais, não pensa em uma arqueologia das formas como a divisada por Kant na *Crítica do Juízo*, mas em germes de seres mais complexos que os sucederam no decorrer de um tempo geológico indiferente à vida – uma concepção que, diga-se de passagem, aproxima-se das conjecturas de Diderot no *Sonho de d'Alembert*. A continuidade entre os seres vivos não é dada em cadeia, como para os funcionalistas, nem tampouco mediante transições de um grau necessário a outro, em série, como para os estruturalistas, mas pela sucessão temporal indeterminada de variações contingentes que vão estabelecendo espécies, variedades, matrizes, linhagens ou raças, dependendo da permanência temporal de cada uma dessas formas (as mais longevas são espécies, e assim por diante).

Citaremos a respeito uma passagem do cap. 6 da *Origem das espécies* dedicado às "Dificuldades da teoria".

> O exemplo das bexigas natatórias dos peixes é interessante, pois mostra com clareza, e isto é muito importante, que um órgão originalmente construído para um propósito determinado, a flutuação, pode ser convertido para outro inteiramente diferente, a respiração. Nadadeiras foram utilizadas como acessórios aos órgãos auditivos de certos peixes, ou, não sei bem ao certo qual seria a melhor formulação, uma parte do aparato auditivo foi utilizada como complemento às nadadeiras. Os fisiólogos em geral concordam que as nadadeiras são homólogas, ou "idealmente similares" [como diz Owen], quanto a posição e estrutura, aos pulmões de animais vertebrados superiores; e não parece haver grande dificuldade em aceitar que a seleção natural teria convertido uma nadadeira em um pulmão, ou em um órgão utilizado exclusivamente para a respiração. De fato, não me parece haver dúvida de que todos os

animais vertebrados dotados de pulmões descenderam, por geração ordinária, de um protótipo ancestral, do qual nada sabemos, dotado de um aparato de flutuação ou de nadadeiras. O que nos permite compreender, pelo que pude inferir da interessante descrição dessas partes pelo Prof. Owen, o estranho fato de que cada partícula de alimento e comida que absorvemos tenha de passar pelo orifício da traqueia, não sem risco de ser absorvido pelos pulmões, apesar do belíssimo dispositivo pelo qual a glote é fechada. Nos vertebrados superiores, as brânquias desapareceram por completo, as fendas laterais do pescoço e o curso em espiral das artérias assinalam, no embrião, sua localização prévia. É perfeitamente possível pensar que as brânquias, hoje completamente desaparecidas, tenham sido gradualmente trabalhadas pela seleção natural, adquirindo um propósito diverso do original. E, da mesma maneira como, no entender de certos naturalistas, as brânquias e as vértebras dorsais dos anelídeos são homólogas às asas e bolsas de asas dos insetos, é provável que órgãos que, em um período muito remoto, serviram à respiração, tenham depois se convertido em órgãos do voo (Darwin 1964, p. 190-191; 2018, p. 274).

Essa passagem mostra bem a extensão do débito de Darwin para com o estruturalismo do paleontólogo inglês Richard Owen. É a partir da noção de homologia que a dependência entre forma e função pode ser relativizada: uma parte originalmente feita ou não para um uso determinado não precisa permanecer vinculada a esse uso, ao contrário, presta-se a exercer funções distintas da inicial, sem nenhum prejuízo ao seu detentor (Owen 2007, p. 1-4). Quer dizer, uma espécie orgânica não é uma totalidade integrada; é uma forma contingente, que varia ao sabor de necessidades circunstanciais, a tal ponto que o naturalista deve *necessariamente* imaginar que ele poderia ser diferente do que é. No mesmo cap. 6, encontramos o seguinte:

> Na América do Norte, o urso preto foi visto nadando com a boca aberta, como se fosse uma baleia, capturando insetos na água. Mesmo em um caso extremo como este, se o suprimento de insetos fosse constante, e não houvesse, na mesma região, rivais mais bem-adaptados, não vejo dificuldade em admitir que uma raça de ursos se tornasse, por seleção natural, cada vez mais aquática em sua estrutura e seus hábitos, com bocas cada vez maiores, até que se produzisse uma criatura monstruosa, à imagem de uma baleia (Darwin 1964, p. 184; 2018, p. 265).

Independentemente do (questionável) mérito filogenético dessa passagem, temos nela o que se poderia chamar, em uma tirada irônica, de "transformismo utilitarista", pois, para Darwin, o fato de um animal ser ora um urso, ora uma baleia (ou, em outras passagens, ora um morcego, ora um esquilo; ou mesmo, ora um peixe, ora um pássaro – as possibilidades de mutação são infinitas, e não há fronteiras ontológicas entre os reinos), decorre de um processo no qual suas partes são conformadas segundo a subserviência que mostram à adaptação do animal a circunstâncias determinadas. O utilitarismo relativo da seleção natural não tem nada a ver com um cálculo racional deliberado, refere-se a uma perspectiva em retrospecto: quando se olha para a história das formas orgânicas no planeta, tal como oferecida, de maneira imperfeita e esporádica, no registro geológico, percebe-se que as espécies e variedades sobreviventes se diferenciam das extintas pela posse de certos caracteres, e fala-se em seleção natural para dar conta dessa diferença – a utilidade como um critério heurístico, uma maneira de condensar, a partir de um princípio de inteligibilidade, o processo de triagem, na luta pela vida, entre os indivíduos sobreviventes, mais bem adaptados, e os eliminados, obsoletos. A maximização como critério transcendental, se quisermos.

Darwin, porém, não se contenta com essa aproximação. Ainda uma vez, a metáfora parece-lhe mais valiosa do que a suposta neutralidade conceitual. Ao longo do livro, refere-se à seleção natural como poder de "manufatura das espécies" (cap. 5 e outras sete ocorrências), aludindo assim, provavelmente, a uma imagem cunhada por seu amigo e correspondente, o naturalista Alfred Russel Wallace – que em 1858 chegara por conta própria a uma formulação da mesmíssima teoria na qual Darwin vinha trabalhando por anos a fio. Em um breve ensaio de Wallace, lido na mesma seção da Linnean Society à qual antes aludimos, pode-se ler:

> As peculiares cores de muitos animais, especialmente dos insetos, que tanto se assemelham ao solo ou às folas ou aos galhos em que habitualmente residem, são explicadas pelo mesmo princípio; pois, embora no curso das épocas possam ter ocorrido muitas variedades de tintura, *as raças com as cores mais bem adaptadas a camuflá-las de seus inimigos inevitavelmente sobreviveriam por mais tempo*. Vemos aí a atuação concomitante de uma causa que explica o balanço tantas vezes observado na natureza: uma deficiência em um conjunto de órgãos é sempre compensada pelo desenvolvimento aprimorado de outros: poderosas asas acompanham pés fracos, uma grande rapidez compensa a ausência de armas defensivas; pois, como foi mostrado, nenhuma variedade em que uma deficiência ocorra sem ser contrabalançada tem como prolongar sua existência. A atuação desse princípio é exatamente como a do operador centrífugo de uma

máquina a vapor, que verifica e corrige quaisquer irregularidades antes de elas se tornarem evidentes. Da mesma maneira, nenhuma deficiência não-balançada jamais pode alcançar, no reino animal, uma magnitude mais conspícua, pois seria sentida já no primeiro passo, ao dificultar a existência, seguindo-se, quase que certamente, sua extinção. Uma origem como a advogada neste ensaio concorda também com o caráter peculiar das modificações de forma e estrutura que produzem, nos seres organizados, as muitas linhas de divergência a partir de um tipo central, o aumento de eficiência e poder de um órgão em particular através de uma sucessão de espécies aparentadas, e a notável persistência de partes desimportantes, como a cor, a textura da plumagem e dos pelos, a forma de chifres e cristas, ao longo de uma série de espécies que diferem consideravelmente quanto a caracteres mais essenciais. Também nos fornece a razão da "estrutura mais especializada" que, segundo o Prof. Owen declara, seria uma característica recente, se comparada a formas extintas, e que, evidentemente, seria o resultado da progressiva modificação de um órgão qualquer, aplicado a um propósito específico na economia animal. (Darwin 2018, p. 663-664)

Passagem carregada, em que a seleção natural é estranhamente comparada a uma máquina a vapor que institui um "balanço da natureza" ao zelar pela modificação constante da "economia animal". Estamos em pleno século XIX, e se a época antecedente gostava de realizar analogias com máquinas como o tear, a máquina a vapor tornou-se agora o ponto de referência predileto. Balanço também é um termo forte na economia política, de origem humiana (balança de comércio, de poder etc.) e smitiana (balanço de pagamentos, de transações etc.), que Wallace, porém, emprega em outro sentido, a saber, todo desenvolvimento em uma parte da natureza é acompanhado pela atrofia de outra (ideia de origem no estoicismo, propalada entre os modernos por Shaftesbury). Para Darwin, no entanto, essa consideração tem valor relativo, e é subordinada à ideia de seleção: ao que tudo indica, é contingente, ou não é necessário, que o desenvolvimento de uma parte seja acompanhado da atrofia de outra, e os imperativos da adaptação à disputa pelos recursos são mais importantes do que a manutenção de um balanço compensatório (preso à noção de que a Natureza é uma ordem sábia) (Darwin 1964, cap. XIII).

Imperfeita ou relativa, a adaptação é ainda indeterminada quanto à amplitude, o que implica em pensá-la, na esteira de Lamarck, em termos estritamente quantitativos. Cuvier observara que a experiência não respalda a hipótese de que os organismos seriam suscetíveis de ampla variação indefinida, ao contrário, sugere que há uma "quantidade" (*quantité*) determinada de variação que eles suportam sem serem destruídos – isto é, sem entrar em desequilíbrio com o meio ao qual correspondem suas funções fisiológicas. Darwin também fala em "quantidade de variação", mas utiliza *amount of variation* para traduzir a expressão francesa *quantité de variation*, sendo que, em inglês, *amount* é um termo financeiro, que poderíamos traduzir, por exemplo, por "montante" – de moeda, de mercadoria, de riqueza etc. Ora, sabe-se que tais quantidades são pensadas, na economia política, como sendo por definição indeterminadas, podendo se expandir ou contrair em diferentes momentos do tempo.

Quanto à palavra "economia", também usada por Wallace, é mantida por Darwin, que utiliza, repetidas vezes, "economy of nature", referindo-se assim à distribuição de recursos entre as espécies na luta pela vida, e "polity of nature", para designar o modo como o espaço é dividido pelos organismos, que, com sua ocupação, instituem "districts" e "countries" dos quais outras espécies são barradas. Tem-se aí uma metáfora distributiva: os recursos escassos são alocados conforme a localização espacial e contingente, dos seres vivos. A "economia da natureza", é, tal como a da sociedade humana, em certo sentido, uma questão de Estado, na medida em que se refere a uma distribuição de recursos que faculta a manutenção de uma ordem; em todo caso, é política, nesse sentido mais amplo. E, se há nela uma hierarquia, como parece ser o caso, varia em função do tempo, não é uma ordem preestabelecida, mas depende de quais espécies triunfam na disputa pelos recursos, em determinado tempo e lugar.

É no quadro dessas referências terminológicas que Darwin retoma, no capítulo III da *Origem das espécies*, a ideia, formulada pelos botânicos, de "divisão fisiológica do trabalho", associada estreitamente à capacidade de adaptação por variação.

> A vantagem que a diversificação traz para os habitantes de uma região é similar à da divisão fisiológica do trabalho entre os órgãos de um mesmo corpo, tão bem mostrada por Milne Edwards. Nenhum fisiólogo poderia duvidar que, quando o estômago está adaptado unicamente à digestão de vegetais ou de carne, ele extrai dessas substâncias o máximo de proveito. Do mesmo modo, na economia geral de um território, quanto mais diversificados os animais e as plantas em relação aos diferentes hábitos de vida, maior o número de indivíduos capazes de se sustentar por si mesmos. Um grupo de animais com organização pouco diversificada dificilmente poderia competir com um grupo dotado de uma estrutura mais perfeitamente diversificada... tão logo a planta se torne tão atraente aos insetos que eles passem a transportar o pólen de uma flor a outra regularmente, tem início outro processo. O

que nos autoriza a crer que seria benéfico para a planta produzir estames apenas em uma flor e em outra planta, e pistilos em apenas uma flor e em outra planta (Darwin 1964, p. 115-116; 2018, p.184).

No interior de um mesmo organismo, tal divisão assinala a presença do que Darwin chama de "aptidão elevada à adaptação", que é, na primeira edição da *Origem*, o único critério claro da perfeição de uma espécie, ou seja, de uma população de indivíduos dotados dessa mesma aptidão. Para nos lembrar de que essa perfeição é relativa, Darwin chega mesmo a recorrer ao termo "adaptação imperfeita", que nas edições posteriores será modificado para "adaptação relativa". Em todo caso, a divisão das funções entre muitos órgãos é o principal índice dessa adaptação, na medida em que permite uma distribuição interna equânime de recursos, sem que um órgão consuma desproporcionalmente recursos que seriam proveitosos a outros. Esse esquema permite pensar as relações entre diferentes populações em um mesmo habitat: mais diversos os indivíduos de uma população ou espécie, maior sua capacidade de derrotar indivíduos de populações rivais, menos variados. Essa analogia é uma maneira original de retomar, em outra chave, a tradicional comparação entre o corpo como microcosmo e o mundo externo a ele como macrocosmo. Com esta diferença: se antes o corpo reproduzia a ordem maior, agora é esta que se vê projetada em seu esquema diminuto.

Entre Hobbes e Malthus, e às voltas com as teorias de Lamarck e Buffon, a *Origem das espécies* evoca agora, na esteira do zoólogo Henri Milne-Edwards, Adam Smith, mais precisamente o primeiro capítulo do livro 1 da *Riqueza das nações*, dedicado ao exame da divisão do trabalho. Mas acrescenta esta inovação, bastante radical: enquanto a linha de montagem descrita por Smith é feita de operários que, diferentes de artesãos, ignoram o objeto que estão a produzir e são supervisionados por um agente que tem a ideia da forma do produto final, e que, portanto, zela por um resultado adequado a essa ideia – uma forma integrada, que é montada, a cada passo, pelos operários – a divisão instituída pela seleção natural é produto espontâneo de uma atividade não-intencional, e não conta com qualquer supervisão, é um estado de coisas no qual a luta é sucedida pela colaboração, mecanismo que protege a espécie predominante contra suas rivais.

8 Um processo opaco

Na economia política clássica, notadamente em Adam Smith, a produção, circulação e distribuição das riquezas é um processo inteligível apenas pelo lado de seus efeitos. Impossível determiná-lo por completo, no que tange à produção e circulação, bem como às intenções dos agentes tomadas em isolado ou em relação recíproca. É uma constatação fundamental da *Riqueza das nações*, que traça assim uma linha demarcatória clara em relação aos pressupostos da Fisiocracia já mencionados por nós. A esses limites intrínsecos à natureza dos processos econômicos em sociedade vêm se juntar dois outros fatores: uma restrição de ordem espacial – a riqueza não se origina em um princípio central determinado, e não se articula a partir de uma soberania qualquer – e outra de ordem temporal – a riqueza medida no presente só se deixa determinar parcialmente por uma série que remete ao passado, e tampouco permite prever com exatidão o futuro. Cegueira dupla, que põe em xeque a ideia de Natureza como totalidade: o que essa palavra significa, grafada com um "N" maiúsculo, não é tanto um conjunto representado a priori de relações recíprocas necessárias como um processo constatado a posteriori de relações que, devidamente analisadas, remetem a uma lei geral que as torna parcialmente inteligíveis. Assim como os seres vivos não têm a consciência de estar em guerra permanente uns com os outros, apenas obedecem aos ditames e condicionamentos de sua fisiologia, o naturalista tampouco é capaz de enxergar o todo: à maneira do observador empírico, ele constata certas conexões e como que preenche as lacunas com o esforço de sua imaginação (metódica, razoada), que extrai leis de fenômenos que, tomados em si mesmos, seriam puramente irregulares.

Darwin se refere a essas limitações em diversos momentos do livro, como quando, por exemplo, chama a atenção para a escansão temporal que necessariamente deve ser atrelada à ideia de seleção natural. É uma consideração que não convenceu a muitos de seus leitores (Huxley à frente deles; ver Darwin 2018, p. 687 ss.), que não viram porque transformações decorrentes de seleção não poderiam ocorrer em breves intervalos de tempo, o que lhes pareceria sugerido por evidências fósseis. Seja como for, é uma ideia cara a Darwin, e a encontramos no capítulo I da *Origem das espécies*:

Afirmo que a seleção natural atua com extrema lentidão. Sua ação depende da existência de domínios, no reino da natureza, que possam ser ocupados de modo adequado por habitantes da região que estejam passando por alguma modificação. A existência de tais sítios depende em geral de alterações físicas, que costumam ser muito vagarosas, e da restrição à imigração de formas mais bem-adaptadas do que as locais. Mas a atuação da seleção natural depende, com ainda mais frequência, da lenta modificação de alguns habitantes que perturbe as relações entre eles e outros habitantes. Tudo depende de haver circunstâncias favoráveis, e a variação parece sempre um processo extremamente lento. O cruzamento livre é um entrave que a retarda. Muitos dirão que essas causas reunidas são mais do que suficientes para impedir a atuação da seleção natural. Não me parece o caso. Por outro lado, parece-me que a seleção natural atua sempre de maneira muito lenta, não raro em períodos longuíssimos e, em geral, a cada vez, apenas em uns poucos habitantes da mesma região. Parece-me ainda que essa atuação lentíssima e intermitente é consoante com o que a geologia nos ensina a respeito da maneira e da taxa de mudança dos habitantes deste nosso mundo (Darwin 1964, p. 108-109; 2018, p. 175-176).

Efeito de uma pressão do meio – a competição por recursos escassos – a seleção natural depende da combinação de condições espaciais dadas em um tempo vagarosíssimo, e é nesse ritmo que as pequenas modificações se efetuarão. Os resultados, a "riqueza produzida", por assim dizer, são visíveis e, em boa parte, mensuráveis; as condições que os produziram, não. Igualmente invisível, para nós, é o mecanismo de transmissão e consolidação das modificações efetuadas: Darwin não tem a seu dispor uma genética, o que significa que a parte mais importante de sua teoria permanece sem qualquer demonstração. É um motivo para não ter uma teoria? Ao contrário: a seleção natural aponta para um mecanismo de transmissão hereditária, que, como se sabe, uma vez determinado (como o será por Mandel), se acomodará a ela à perfeição. Prova adicional do poder das analogias na investigação teórica e científica da natureza, tal como levada a cabo pelo autor da *Origem das espécies*: a teoria assim elaborada situa corretamente lacunas a serem preenchidas por investigações ulteriores.

9 Um novo quadro da natureza

A adoção por analogia de um modelo oriundo de uma ciência moral (a economia política) permite a Darwin se desvencilhar de uma pesada herança legada pelos modelos naturalistas ditos "fixistas", que viam nas espécies entidades invariáveis criadas independentemente umas das outras. Esses modelos, correntes na Inglaterra e inspirados na teoria de Cuvier, vão bem mais longe do que as conclusões a que este chegara, na verdade bastante cautelosas (ele não propõe que as espécies tenham sido criadas, apenas que não há continuidade visível, i.e., anatômica ou fisiológica, entre elas). Não hesitam, com efeito, em reatar a aliança entre teologia e história natural, porém em termos que mesmo os newtonianos do século anterior considerariam ousados demais. Pois, se para eles a Natureza era uma ordem criada por um autor inteligente, um sistema dotado de um mecanismo perfeito, que, uma vez criado por um "sábio arquiteto", opera por si mesmo, os naturalistas a que Darwin se opõe afirmam que apenas a suposição de numerosos atos de intervenção divina na ordem natural poderia explicar a inumerável variedade dos seres vivos ao redor do globo. Entidades estáveis, as espécies são também seres perpétuos, e sua multiplicação é a mera reiteração de uma forma divisada pelo criador. Verdadeiro retrocesso, se lembrarmos que no século XVIII espíritos mais independentes como um Buffon, por exemplo, não viram necessidade de recorrer a essa versão bizarra do ocasionalismo metafísico para dar conta de uma questão que se decide, afinal, no terreno da fisiologia da reprodução. Para Buffon, uma espécie é um molde, e um indivíduo é uma cópia deste com variações mínimas. Mas essa teoria, que ele não comprova, mas propõe a título heurístico, parece insatisfatória aos olhos daqueles que, como Louis Agassiz, pensam que é necessário circunscrever a espécie como objeto e determiná-la por completo, inclusive em suas relações. Entre uma espécie e outra, ensina o *Ensaio sobre a classificação* (1859, cap. XVI) as relações são desde sempre as mesmas, por estarem previstas no plano geral da criação no qual cada uma delas se insere.

A esse deus pouco afeito ao método, ou antes, que desconhece a parcimônia, pois cria um mundo e o povoa aos poucos, em vez de contemplar a perfeição da realização perfeita de uma ideia em um único ato, Darwin irá opor o equilíbrio espontâneo de um sistema dinâmico, que opera por si mesmo sem ter, em seu bojo, qualquer vestígio de inteligência. As relações entre as partes que o compõem, os seres vivos, são ditadas pelas necessidades impostas pelo sustento da vida, e se alteram conforme as circunstâncias, exercendo com isso uma pressão sobre as formas orgânicas, que são assim modificadas na estrita medida do necessário para que uma se imponha na competição com outra. Organismos não são, portanto, "totalidades", não têm uma "arquitetônica", e sua morfologia não obedece a leis de especificação imutáveis, inscritas em suas estruturas. Menos que isso, são também bem mais, e requerem, para serem explicados em sua variedade, uma ciência nova. Procuramos indicar aqui como a nova teoria proposta por Darwin é gestada a partir de um deslocamento, de uma metafísica da natureza a uma economia política. Ao propor, com isso, uma nova imagem do mundo natural, ou se quisermos manter a referência a Lineu, um novo "quadro da Natureza", Darwin não apenas revoluciona a história natural e assenta as fundações de uma nova ciência, que irá florescer no século XX, a biologia, como também oferece os elementos para que a filosofia possa desfazer o encanto do qual permanecera refém até então, malgrado os esforços de um Hume, de um Diderot, de um Kant. Doravante, graças à teoria da seleção natural com transmissão de caracteres, as formas naturais deixam de ser motivo de desconcerto e deslumbramento, e tornam-se o signo de uma ordem sem sentido, de um processo sem inteligência, de um equilíbrio sem estabilidade.

10 Da seleção natural à evolução

Na 6ª edição da *Origem das espécies*, publicada em 1872, a última em vida do autor, Darwin utiliza pela primeira vez em sua obra uma expressão que se tornou célebre, a ponto de ser tomada como sinônimo de sua teoria e ideia central de uma visão de mundo: "evolução", que ele emprega em conjunção com seleção natural. É uma maneira de falar que não tem nada de anódino. E não me parece fortuito que o termo apareça pela primeira vez em um capítulo, o sétimo, redigido especialmente para essa edição com o intuito de responder "a variadas objeções à teoria da seleção natural". (Darwin 2018, pp. 727-779) Nesse longo texto, Darwin declara que "todos os naturalistas admitem alguma forma de evolução", ou seja, que "todas as espécies têm uma capacidade para a modificação", sem que esteja com isso implicada "uma força interna para além da tendência à variação mais comum". Descartada a assimilação entre evolução e algum tipo de força vital, o termo é tomado como sinônimo de *tendência à variação*, complementar à capacidade de adaptação à pressão do meio (venha ela de outros indivíduos, venha dos elementos físicos). Como vimos, Darwin entende que a tendência à variação manifesta-se principalmente de "maneira lenta e gradual", a ponto de falar, um pouco mais à frente (p. 206), em "teoria da evolução gradual".

A ideia de evolução volta a fazer figura no capítulo dedicado à "Imperfeição do registro geológico" (cap. 9 na edição de 1859, cap. 10 na de 1872). Darwin refere-se agora à sua tese como "teoria da evolução por meio de seleção natural", o que introduz uma nuance importante. A primeira edição se referia, por certo, a essa complementariedade, ao falar em "teoria da descendência com modificação por seleção natural". A diferença é que em 1872 a descendência é qualificada como evolutiva, isto é, como uma tendência interna, nos seres vivos, a variar. A posição de Darwin mudou. Se em 1859 se tratava de dar primazia à adaptação em relação à estrutura, como deixa clara a conclusão ao já mencionado capítulo dedicado às "Dificuldades da teoria", parece haver entre elas uma paridade, e é justo que seja assim, pois, de fato, é logicamente necessário conceber uma estrutura que tende à variação para que possa haver adaptação, sendo a transmissão uma lei secundária em relação a este princípio mais elevado: transmitem-se as modificações porque elas são úteis em certas circunstâncias, independentemente de terem um valor em si mesmas, ou um valor estrutural intrínseco. Se em 1859 Darwin se sentia mais próximo de Cuvier que de Lamarck (Darwin 1859, cap. 6, p. 205-206), em 1872 as afinidades com este último se tornam preponderantes: a adaptação é secundária em relação à transmissão, que agora é pensada como uma função da estrutura geral dos seres vivos. Indica-se assim – embora não se discuta abertamente esse ponto – que haveria nos seres vivos, tal como para Lamarck, uma escala evolutiva do menos perfeito ao mais perfeito, medindo-se perfeição por complexidade, e avaliando-se essa última a partir do critério de acúmulo quantitativo em vista da funcionalidade.

Assim, na conclusão ligeiramente modificada da 6ª edição, o termo evolução torna-se sinônimo de continuidade, entre gerações de indivíduos e logo entre espécies, reforçando ainda mais a contraposição à ideia de criação independente das espécies – com a qual Darwin se debatera na primeira edição da obra, e que, como referimos, era muito difundida entre os naturalistas ingleses. Ora, a continuidade concebida por Darwin implica alguma forma de progressão, na medida em que a tendência à variação, por ser uma componente interna, vai transmitindo as modificações mais bem-sucedidas de geração em geração, o que faz com que os indivíduos mais recentes tenham passado por mais adaptações e sejam, portanto, *superiores* aos de gerações antigas. Dito isso, a posição de Darwin em 1872 permanece, no essencial, inalterada em relação a 1859: a assimilação das estruturas superiores às estruturas complexas é apenas *parcial*, pois o grau de perfeição depende da adaptabilidade efetiva de populações de indivíduos, e nada impede, em última instância, que indivíduos mais complexos sejam destruídos por outros mais simples, a partir dos quais a evolução é retomada em outro sentido, e em outra ramificação (por mais que o estudo anatômico e fisiológico pareça sugerir, dadas as circunstâncias, uma concomitância entre o perfeito e o complexo). Portanto, apesar da tendência ao aperfeiçoamento, permanece temerário concluir taxativamente que haveria nos seres vivos uma organização entre as espécies por séries ascendentes e, portanto, uma hierarquia com espécies intrinsecamente superiores a outras (e logo, reinos também).

Essas considerações, no entanto, são nuançadas pela leitura de *A ascendência do homem*, obra publicada em 1876 que realiza a tarefa de inserir a espécie humana no quadro de seleção e evolução pintado na *Origem das espécies* – onde o homem simplesmente não faz figura. Essa ausência foi considerada por muitos, na época de Darwin, como um presságio positivo de que a luta pela existência, com suas sombrias consequências, não se aplicaria integralmente à nossa espécie, talvez pelo fato, observado por Walace e por Darwin em 1858, de que teríamos à nossa disposição os freios morais a que se refere Malthus – não somente a castidade, mas também, e principalmente, as instituições políticas, divisadas, como quisera Hobbes, para conter a guerra de todos contra todos, seja pela soberania do Estado, seja pelo sustento da vida. Leitura reconfortante, e lisonjeira para a espécie humana. Mas a ausência desta da história da natureza contada em 1859 também poderia indicar, ao contrário, que não temos nenhum privilégio no mundo natural e não somos nem moralmente diferentes dos animais ou dos vegetais nem estamos acima deles por alguma complexidade que nos torne qualitativamente distintos – constatação a que Darwin poderia levar muitos leitores, animados com a possibilidade de ter encontrado em sua obra o desmentido mais taxativo do teísmo filosófico abundante até então tanto na filosofia quanto, principalmente, na ciência. Pode-se dizer que, em certo sentido, *A ascendência do homem* corrobora parcialmente a primeira expectativa sem frustrar por inteiro a segunda.

Que se tome, por exemplo, o cap. 3, dedicado à "Comparação entre os poderes mentais do homem e os dos animais inferiores". É um tópico que vinha animando os naturalistas pelo menos desde Cuvier, que, no entanto, se mostrara circunspecto na afirmação de uma superioridade absoluta do homem em relação ao animal. Essa reticência se explica, talvez paradoxalmente, pelo fato de Cuvier estar preso a certas concepções do século XVIII, que ditam que a razão não é um poder intelectual, mas um instinto da espécie, um tipo de astúcia ou sagacidade que o homem tem mais que outros animais, embora não lhe seja exclusiva ou nem mesmo suficiente para lhe dar primazia absoluta em relação ao restante da "criação". Em suma, a diferença entre o homem e os outros animais é quantitativa, não qualitativa. (Cuvier 1817, pp. 81-100) Em *A ascendência do homem*, Darwin mantém essa posição até certo ponto, após o qual a inflete, puxando em uma direção inesperada o fio da analogia que o levara a conjugar a ideia de seleção natural à de evolução. O cap. 3 começa com uma discussão da velha noção filosófica de senso moral, que culmina, às páginas 105-106 com as seguintes considerações:

> Não há dúvida de que há uma imensa diferença entre a mente do mais inferior dos homens e a do mais superior dos mamíferos. Supondo que um macaco antropomórfico adotasse uma perspectiva neutra a respeito de sua própria condição, ele admitiria que, por mais que pudesse formar um plano de aragem de um jardim e utilize pedras para lutar e para quebrar nozes, jamais lhe ocorreria a ideia de moldar um instrumento de pedra. Reconheceria também, que tampouco seria capaz de acompanhar uma sequência de

raciocínios metafísicos, resolver um problema matemático, refletir sobre Deus, ou admirar uma paisagem natural. Alguns macacos, no entanto, poderiam declarar que sabem admirar e de fato admiram a beleza da pele de cor e da pelagem de seus cônjuges. Mas admitiriam que, embora pudessem transmitir, para outros macacos, por meio de gritos, algumas de suas percepções e carências mais simples, jamais lhes ocorreria a noção de expressar ideias definidas com sons definidos. Eles poderiam insistir que estão prontos a ajudar seus consortes de bando, a arriscar suas vidas por eles e encarregar-se da criação de seus órfãos; mas seriam forçados a admitir que o amor desinteressado por todas as criaturas vivas, que é o mais nobre atributo do homem, é algo que eles simplesmente não compreendem. (Darwin 2004, cap. 3).

Parece haver certa confusão nessa passagem. Por um lado, coloca-se a diferença entre a capacidade racional humana e as dos outros animais (mamíferos à frente: uma escala descendente percorre o reino animal a partir de um critério exclusivamente humano: a proximidade ao uso *técnico* da razão). Por outro lado, essa diferença é tomada como um critério de superioridade, quando, ao que me parece, tudo o que ela autorizaria o naturalista a postular é a especificidade. A abertura do texto mostra no que consiste seu malogro metodológico: pedir a um macaco que reconheça alguma coisa sobre suas capacidades é projetar nele, a título de fantasia, uma capacidade plenamente humana, o uso da linguagem verbal. Mais estranho ainda, esse uso é posto a serviço da metafísica e da matemática, que aliadas, ao sentimento do belo, levam a uma reflexão sobre Deus. Mas, se invertermos agora essa ficção arbitrária e imaginarmos o homem confessando sua inaptidão física ou sua capacidade de sobrevivência em meio ao ataque dos elementos climáticos, comparado às habilidades dos animais nesses quesitos, teremos uma imagem menos complacente do "reino animal" oposto à "espécie humana". Fica então a pergunta: por que acentuar o hiato entre nós e os outros mamíferos (para não falarmos nas demais classes) e não, como seria de esperar, ressaltar nossa pertença integral à Natureza? Estaria Darwin recuperando aí, de caso pensado ou não, a velha ideia da destinação racional (ou moral) da espécie humana, parte integrante, não custa lembrar, daquela mesma físico-teologia de inspiração newtoniana que sua obra parecia ter tornado obsoleta de uma vez por todas? Caso se responda a essas questões na afirmativa, as esperanças de Asa Gray eram justificadas: afinal, o darwinismo e a religião estão longe de ser incompatíveis.

Mas não nos precipitemos. A passagem prossegue:

Contudo, a diferença entre a mente do homem e a dos animais superiores, por grande que seja, é de grau, e não de espécie. Vimos que os sentidos e intuições, que as várias emoções e faculdades, como amor, memória, atenção, curiosidade, imitação, razão etc., das quais o homem se orgulha, podem ser encontradas em condição incipiente, ou às vezes até bem desenvolvida, em animais inferiores a ele. Também são capazes de adquirir melhorias hereditárias, como vemos na comparação entre o cachorro domesticado e o lobo ou o chacal. Caso se sustente que certos poderes, como consciência de si, abstração, etc. são peculiares ao homem, pode ser que sejam resultados incidentais de outras faculdades intelectuais altamente avançadas, que, por sua vez, resultam de um uso altamente desenvolvido da linguagem. Com que idade o bebê recém-nascido adquire a posse do poder de abstração, torna-se consciente de si mesmo e reflete sobre sua própria existência? Não se sabe ao certo, e a mesma incerteza vale para a escala orgânica ascendente. O caráter meio-natural, meio-artístico da linguagem traz a estampa de sua gradual evolução. A nobre crença em Deus não é universal entre os homens, pois a crença em agentes espirituais se segue naturalmente ao desenvolvimento de outros poderes mentais. O sentido moral talvez ofereça a melhor e mais elevada distinção entre o homem e os animais inferiores a ele. Mas não direi nada a esse respeito, pois há não muito tempo tentei demonstrar que os instintos sociais – que são o princípio da constituição moral do homem –, com o auxílio dos poderes intelectuais ativos e dos efeitos do hábito, naturalmente levam à regra de ouro sobre a qual repousa a moralidade: "O que quiserdes que os homens vos façam, fazei a eles o mesmo". Em um capítulo subsequente, farei algumas observações acerca dos prováveis passos e meios pelos quais gradualmente evoluíram as faculdades mentais e morais do home. Que essa demonstração é ao menos possível, vê-se claramente quando se observam os desenvolvimentos das crianças, e quando vemos que é possível traçar com perfeição a gradação que leva da mente de um idiota completo, inferior à do mais inferior dos animais, à mente de um Newton. (Darwin 2004, cap. 3)

A julgar por essa citação, bem como pela anterior, a ideia de evolução parece ter se tornado mais importante que a de seleção natural, infletindo-se, inclusive, na mente de seu autor, em um processo de ascensão, quando se trata de explicar a forma humana, marcada, na opinião de Darwin, por um "standard of morality" de que as demais espécies carecem – padrão bem vitoriano, diga-se de passagem: Darwin refere-se aí ao controle do desejo sexual, tão louvado por Malthus na edição definitiva de sua obra (a lida por Darwin e Walace). Darwin não contempla criticamente essa elevação moral da espécie humana por sobre as outras, e não vê, ou se recusa a ver, que a própria ideia de que estaríamos *acima* dos outros seres vivos poderia ser tomada, por que não, como um simples mecanismo de imposição dos nossos valores a eles, justificados pelo velho recurso à superioridade da razão, temperada por um sentimento moral, em relação aos simples instintos. Território bem cristão, portanto, que a seleção natural nos desobrigara de reencontrar, mas ao qual a extensão (desmesurada?) da analogia evolutiva nos devolve abruptamente.

A complexidade deixa de ser um índice de variação circunstancial para ser tomada como um ganho, uma aquisição que pode ser considerada de valor intrínseco. Não tardará para que a superioridade do homem em relação aos outros mamíferos seja também estendida ao interior da espécie, desta vez sem nenhuma consideração de desinteresse. Estamos à beira da elaboração de uma escala ascendente entre as diferentes culturas (ou "raças"), com base em seu aprumo moral e tecnológico, tomado como signo de capacidades cognitivas superiores. É um passo que a antropologia nascente não hesita em dar. A ideia de evolução é assim distendida a tal ponto que alcança aquela de progresso, que, como advertiu Stephen Jay Gould há algum tempo, não é muito útil em matéria de biologia; que dizer então de sua extensão biologizante a uma "teoria social"? (Gould 1977, caps. 4 e 5)[1]

---

1 O modelo darwiniano de seleção natural não demorou a ser adotado, com uns poucos ajustes e liberdades, pelos economistas vitorianos, para explicar não apenas o desequilíbrio entre os indivíduos e as classes de uma mesma sociedade como também a acirrada competição comercial entre as nações – que, na Europa da segunda metade do século XIX, chegava a cumes nunca antes vistos, com as consequências posteriores que se conhecem. Essas assimilações, devidamente notadas por Gertrud Himmelfarb (1970, caps. 3 e 12), permitiam falar, a propósito da hierarquia entre as classes, em triunfo de raças ou variedades da espécie humana superiores sobre outras inferiores (destinadas a servi-las ou a desaparecer) – de acordo com a ideia de Darwin de que a seleção natural ocorre principalmente *dentro das espécies* ou *entre variações de uma mesma espécie* –, e, adicionalmente, pensar que as nações europeias estariam reproduzindo, quase que sem modificação, a encenação do mesmo espetáculo notado por Darwin, de competição destrutiva entre diferentes espécies pelos recursos vitais oferecidos em uma área geográfica determinada. Por aí se vê que, se o bom das analogias pode ser indispensável à estruturação das ciências, seu abuso – ou antes, o desconhecimento de que estão sendo utilizadas – conduz ao amálgama indesejável que são as metafísicas da experiência revestidas com a roupagem das ditas *hard sciences*. De resto, não faltam leituras a mostrar que a ciência de Darwin desautoriza o que desde então recebeu a alcunha de "darwinismo social" (Ver em especial Veiga 2017).

11 Ramificação ou hierarquia?

Portanto, quando se fala em evolução, nesse sentido mais amplo, e não mais como sinônimo de transmissão hereditária de caracteres adquiridos, não se trata exatamente da mesma ideia de hereditariedade ligada ao princípio de seleção natural – que não coaduna bem com essa proeminência do homem e restringe consideravelmente a aplicação de uma ideia de escala evolutiva, pois valoriza, como fizera Darwin na primeira edição da *Origem das espécies*, a ideia de adaptação circunstancial, e, por conseguinte, de sucessão dos seres vivos por ramificação. (Godfrey Smith 2018) A imagem da árvore da vida, que encerra a *Origem das espécies*, dá lugar à ideia de uma série ascendente. Como processo evolutivo, a seleção natural tem um aspecto progressivo, identificado à noção de que as formas de vida testemunham o desenvolvimento ascendente de germes inscritos em um ou mais arquétipos iniciais ou formas-matrizes. E, de fato, como mostrou Dov Ospovat em um ensaio clássico, existe na "teoria madura" de Darwin uma interdependência entre os conceitos de "divergência", "qualificação competitiva" (*competitive highness*) e "progresso", pela qual a divergência leva à qualificação à competição por meio da especialização, o que, por seu turno, aumenta a qualidade dos seres vivos conforme o tempo transcorre. Essa constatação leva esse estudioso a concluir que entre a ideia de seleção natural cogitada por Darwin e a de progresso tal como exprimida no pensamento social vitoriano haveria, mais do que uma compatibilidade, uma relação necessária. A seleção natural forneceria, em suma, os alicerces de uma "teoria do progresso" que se estende, sem mais, da natureza à sociedade (Ospovat 1981, cap. 9).

É uma inferência que não parece autorizada pelas analogias utilizadas por Darwin, a começar pelo emprego, já notado por nós, da expressão "estado de natureza" na *Origem das espécies*. Mais correto, embora mais ousado, seria falar em um deslocamento, em sua teoria, do empírico ao transcendental, da força das circunstâncias à potência dos princípios. Nessa nova reconfiguração conceitual, o vocabulário evolucionista se imiscui justamente em uma teoria que rejeitara em bloco os pressupostos nos quais ele está baseado. Como mostrou, por sua vez, Dominique Guillo, o próprio Spencer, que parece ter induzido Darwin a adotar a assimilação entre evolução e progresso, é um herdeiro direto, de caso pensado ou não, daquela linha teórica consolidada por Lamarck e Étienne Geoffroy de Saint-Hilaire na qual os seres vivos são tomados como a realização progressiva e serial de uma tendência que se realiza na complexidade máxima da estrutura anatômico-fisiológica – dada na espécie humana (Guillo 2003, parte II, cap. 5). Guillo nota ainda que a adoção e a expansão por Spencer do vocabulário de teor econômico similar ao empregado por Milne-Edwards (e por Darwin), introduz uma teleologia de perfil mecanicista: os seres vivos não tem história, apenas progressão, que se realiza em máquinas orgânicas cada vez mais complexas. Desnecessário reabilitar a figura de um artífice divino: o conceito de uma atividade tecnológica intencional é aí pressuposto, e o descarte dos menos favorecidos na luta pela vida, que na *Origem das espécies* é um processo cujos resultados são ditados por circunstâncias, obedeceria, em *A ascendência do homem*, a uma lógica férrea, que conduz rumo ao melhor (como se a razão e natureza caminhassem de mãos dadas em uma teodiceia sem Deus, mas nem por isso menos metafísica – o que explicaria, inclusive, o acerto involuntário da célebre metáfora "the blind watchmaker" cunhada por Richard Dawkins) (Dawkins 2001).

Daí um paradoxo. Em 1872, ao introduzir a ideia de evolução e abrir assim a possibilidade de pensar, como será feito em 1876, o primado da estrutura frente à adaptação, Darwin recua, como dissemos, frente a Cuvier e se aproxima da posição de Lamarck. E, ao sublinhar a contingência da adaptação e a necessidade da evolução, introduz uma teleologia de fundo que compromete o princípio do equilíbrio que governa a produção das formas vivas na primeira edição da *Origem das espécies*. Se, portanto, é verdade, como afirma Lennox (2013), que no estudo da anatomia e da fisiologia "Darwin sabe que emprega explicações teleológicas, mas nem por isso recorre ao auxílio da teologia", resta saber em que medida não haveria, em sua obra tardia, uma nova teleologia, não heurística, voltada a explicações particulares, porém teórica, ligada à sua concepção geral de seleção natural complementada por evolução, teleologia esta que respaldaria, por seu turno uma *teologia* de tipo inaudito, em que a figura de Deus dá lugar à do homem. Nesse caso, caberia submeter o darwinismo, como gênero de metafísica, a uma crítica imanente, buscando reabilitar seu potencial desestabilizador em relação àquela que é talvez a figura mais cara do humanismo metafísico: o homem como centro da criação e senhor da natureza, figura esta que a história natural vinha aos poucos obliterando, e que o próprio Darwin, após ter desferido contra ela o golpe final, terminou, talvez inadvertidamente, por reabilitar, em novas bases.

12 Um mal-entendido instrutivo

Este diagnóstico, que oferecemos a título de hipótese, explicaria os mal-entendidos que desde sempre envolvem o darwinismo. Alguns são bastante interessantes. É o caso de um aforismo de Nietzsche no *Crepúsculo dos ídolos* (1888) intitulado "Anti-Darwin":

> No tocante ao célebre "combate pela *vida*", ele me parece às vezes mais afirmado que provado. Ocorre, mas como exceção; o aspecto global da vida *não* é a situação de indigência, a situação de fome, mas antes a riqueza, a exuberância, e até mesmo o absurdo esbanjamento – onde se combate, combate-se por *potência*... Não devemos confundir Malthus com a natureza. – Suposto, porém, que haja esse combate – e de fato ele ocorre –, ele termina, infelizmente, ao inverso do que a escola de Darwin deseja, do que, talvez, seria *lícito* desejar com ela: ou seja, em desfavor

dos fortes, dos privilegiados, das exceções felizes. As espécies *não* crescem em perfeição: os fracos se tornam sempre de novo senhores sobre os fortes – é que são o grande número, e são também mais *espertos*... Darwin esqueceu o espírito (– isso é bem inglês!), *os fracos têm mais espírito*... É preciso necessitar de espírito, para adquirir espírito – perde-o quem não necessita mais dele. Quem tem a força desembaraça-se do espírito ("Deixa!" – pensa-se hoje na Alemanha – com o Reich havemos de ficar..."). Entendo por espírito, como se vê, a cautela, a paciência, o ardil, o disfarce, o grande autodomínio, e tudo que é *mimicry* (nesta última se inclui uma grande parte da assim chamada virtude). (Nietzsche 2011)

Texto exuberante, que astutamente resiste à interpretação. Mesmo assim, tentemos.

Nietzsche não é o primeiro a afirmar que a ideia de "luta pela vida" ou "pela existência" é apenas isto, uma ideia, que Darwin não provou. Huxley dissera algo similar já em 1860 (Darwin 2018). De sua parte, sem explicar por que afinal uma ideia teria de ser provada, e tampouco se essa prova teria de ser experimental ou demonstrativa, Nietzsche contesta o núcleo da teoria da seleção natural: o postulado da escassez, contrapondo a ele nada menos que a abundância, tal como proposta por Lamarck (que não é mencionado). Essa inflexão teórica, de um modelo econômico a outro, dentro da história natural, é dada no quadro genérico pintado por Nietzsche, em que há "riqueza" e "esbanjamento" e a única luta é pelo poder, ou, em termos lamarckianos, pelo poder de controlar a multiplicação de outras espécies – poder este que a *Filosofia zoológica* reserva, como vimos, ao homem, que, para o naturalista francês, mantém relativamente baixo, com sua ação, o número dos grandes mamíferos, que de outra forma seria incompatível com os recursos naturais. O combate pela vida desponta aí como lei secundária que descreve um fenômeno contingente em relação a uma ordem necessária de coisas. A abundância, em chave fisiocrática, é gerada a custa de sujeição e de abate, os mesmos mecanismos destacados por Buffon e que Nietzsche retoma, como instrumentos privilegiados de manutenção do equilíbrio natural. Esse processo imposto pelo homem à natureza tem suas consequências simbólicas: como Nietzsche nota em outra parte, o homem se deleita no poder sobre os demais seres vivos, reconfigurando a natureza à imagem de seus desejos e fazendo valer, com relação a ela, o seu próprio direito, nada menos que o "direito do senhor".

A sequência do aforismo que estamos examinando é ainda mais turbulenta, pois nela Nietzsche assimila, implicitamente, "força" e "perfeição" ao que Darwin chama de "adaptação" ou "aptidão" (*fitness*). Licença gramatical? Em certa medida, sim, pois são termos bastante diferentes: na teoria de

Darwin, de força não se segue perfeição e vice-versa, e nenhuma delas, como quer que sejam tomadas, implica adaptação, menos ainda aptidão. Na *Origem das espécies*, esta última circunstância é, inclusive, associada à modificação acidental de elementos secundários da estrutura de indivíduos. Ali, triunfa não o mais forte ou o mais fraco, mas o mais bem-adaptado – diríamos quase: o que tem a sorte de sua modificação acidental se mostrar propícia às circunstâncias em que um indivíduo se encontra e ser transmitida por descendência. Não se trata, portanto, de modo algum, da ardilosa aquisição de uma vantagem que permite ao fraco superar o forte. As populações de indivíduos progressivamente fortes e robustos, que se desenvolvem em ambientes isolados, ao abrigo da luta, são, para Darwin, presas por excelência de eventuais espécies agressoras, nutridas pela competição acirrada por recursos escassos concentrados em regiões geográficas limitadas.

Confusão de Nietzsche? Sim e não. Fica claro no movimento final do texto que desde o início tinha-se em vista a competição dentro da espécie, entre os homens; e, encerrada a leitura do aforismo, ficamos com a impressão de uma forte impregnação, na interpretação de Darwin e de "sua escola" por Nietzsche, de antropomorfismo e teleologia – como se a seleção natural não fosse, afinal, mais que um derradeiro suspiro das velhas filosofias da finalidade, com um toque perverso: se antes, em Buffon e Lamarck, por exemplo, o homem se impunha à natureza por sua força, agora é o ardil que leva ao triunfo do homem sobre as espécies e dos homens fracos aos fortes no interior da espécie. Como alternativa às fantasias do darwinismo social dos ingleses, Nietzsche oferece uma crítica da civilização, baseado, de resto, em uma deixa oferecida por Darwin em descendência do homem: não é justamente o sentimento moral que nos torna diferentes e mesmo especiais em relação ao resto dos seres vivos?

É precipitado, portanto, pensar que o imbróglio em que o leitor de Nietzsche subitamente se vê enredado resultaria de um descuido do filósofo. A nos pautarmos pelo "Anti-Darwin", Nietzsche não teria entendido a *Origem das espécies* ou a entendeu como ninguém antes ou depois dele; mas, o que chamaremos aqui de sua *incompreensão*, além de conter, como estamos vendo, seus acertos pontuais, não deixa de ser uma *interpretação* fiel a Darwin, cuja linguagem, como vimos, vacila, na *Ascendência do homem*, em relação ao que antes fora uma firme recusa da teleologia, e sugere assimilações surpreendentes, em vista do afirmado na primeira edição da *Origem das espécies*, entre as noções de adaptação e de perfeição. Nessa medida, pode-se dizer que o mal-entendido de Nietzsche é também um achado, que põe a nu uma *contradição* (ou, se quisermos, uma *tensão*) que se encontra no núcleo da teoria de Darwin (chame-se a ela de "teoria da seleção natural" ou de "teoria da evolução"). E talvez – isto é o mais interessante – essa contradição ou tensão seja insolúvel; ou antes, tenha de ser compreendida como sintoma de um nodo metafísico mais problemático, que nem a economia política nem a história natural estariam dispostas a desfazer.

É o que se depreende de outro aforismo do mesmo Nietzsche, desta vez em *Para além de bem e mal* (I, 20), no qual é afirmado, entre outras coisas, que a metafísica, como tentativa vã de estabilizar o devir que marca a experiência, deve sua existência à linguagem:

> Onde há parentesco linguístico é inevitável que, graças à comum filosofia da gramática – quero dizer, graças à direção comum e inconsciente das mesmas funções gramaticais –, tudo esteja predisposto para uma evolução e uma sequência similares aos sistemas filosóficos: do mesmo modo que o caminho parece interditado a certas possibilidades, outras, de interpretação do mundo. (Nietzsche 1992)

Reencontramos aí um preceito central da filosofia de Condillac, ou do "sensualismo" que Nietzsche tanto admira: a gramática organiza o pensamento e molda a percepção, rebatido agora, não sem causar algum dissabor no leitor, para o plano das *raças*; ou, como prefere Nietzsche, "o encanto exercido por certas funções gramaticais é, em última instância, o encanto de condições raciais e juízos de valor *fisiológicos*", isto é, homens diferentes pensam de maneira diferente porque têm uma conformação orgânica distinta. Conclusão algo decepcionante, pois agora ficamos sabendo que a fisiologia é, afinal, o refúgio último desse filósofo que parece não resistir à tentação, em que caíram muitos teóricos da evolução, de estabelecer um elo de causa e efeito entre duas instâncias (a "natureza" e a "cultura") que ele postula, mas se exime de explicar.

Decepção compensada, até certo ponto, pela abertura de outra possibilidade de leitura do texto nietzschiano, para além do labirinto em que a crítica parcial da gramática o enreda (parcial na medida em que tem como contraparte a celebração da velha fisiologia, com seu aparato de causas finais e eficientes, inclusive). Pois Nietzsche nos dá a pensar que, para além dessa noção problemática de raça como entidade fixa no interior da espécie, poderíamos encontrar na espécie humana enquanto tal, isto é, como variedade temporalmente estável, o enraizamento último das noções gramaticais e filosóficas que orientam nossa compreensão da história da natureza, reconhecendo assim que nossa compreensão do "mundo", seja ela filosófica ou científica, é vontade de poder, de instituir valores exclusivos de nossa espécie e de impô-los ao "estado de natureza", que seja à custa da opressão e destruição de outros seres vivos.

Cabe então perguntar: não seriam as apropriações, pela história natural, dos modelos de explicação econômicos, um caso exemplar dessa ardilosa operação, pela qual a "Natureza" vem a ser compreendida, mais uma vez, em termos que são, afinal, bastante humanos? A teoria da seleção natural ou da evolução não seria a celebração mais cândida do estado de coisas que ela descreve e do qual faz parte – do qual é o signo mais eloquente? Sem nos decidirmos a respeito, e lembrando que, em todo caso, não está em questão o mérito da ciência darwiniana, com suas inventivas assimilações e sua rigorosa atenção ao vocabulário conceitual que a constitui, diremos apenas que, com Nietzsche, malgrado as limitações de sua leitura, podemos enfim reconhecer, nessa língua extremamente bem-feita que é a teoria da seleção natural, um capítulo decisivo de uma história – a da metafísica ocidental – que, salvo engano, ainda não se encerrou.

Referências bibliográficas

APPEL, T. A. *The Cuvier-Geoffroy debate. French Biology in the decades before Darwin*. Oxford: Oxford University Press, 1987.

BALAN, B. *L'ordre et le temps. L'anatomie comparée et l'histoire des vivants au XIXe siècles*. Paris: Vrin, 1979.

BERGSON, H. *A evolução criadora*. São Paulo: Unesp, 2010.

BUFFON. *História Natural*. Ed. Fragelli e Soliva. São Paulo: Unesp, 2019.

CANGUILHEM, G. *La connaissance de la vie*. 2.ed. Paris: Vrin, 1966.

_____. *Idéologie et rationalité dans l'histoire des sciences de la vie*. Paris: Vrin, 1977.

COLEMAN, W. *Georges Cuvier Zoologist*: a Study in the History of Evolution Theory. Cambridge, Massachusetts: Harvard University Press, 1964.

CONDILLAC. *Lógica e outros escritos*. Tradução de Fernão de Oliveira Salles et. al. São Paulo: Unesp, 2016.

CORSI, P. *The age of Lamarck. Evolutionary theories in France, 1790-1830*. Berkeley: University of California Press, 1992.

DARWIN, C. *The origin of species by means of natural selection*. A facsimile of the 1859 edition with a foreword by Ernst Mayr. Cambridge: Harvard University Press, 1964.

_____. *The descent of man. Selection in relation to sex*. Londres: Penguin Classics, 2004.

_____. *A origem das espécies por meio de seleção natural*. Edição crítica e tradução de Pedro Paulo Pimenta. São Paulo: Ubu, 2018.

_____. *A evolução*. Cartas seletas de Charles Darwin, 1860-1870. Org. Burkhardt, Evans e Pearn. Tradução de Alzira Vieira Allegro. São Paulo: Unesp, 2009.

DAWKINS, R. *O relojoeiro cego. A teoria da evolução contra o desígnio divino*. Trad. Laura Teixeira Motta. São Paulo: Companhia das Letras, 2001.

FERREIRA, R. *Bates, Darwin, Wallace e a teoria da evolução*. Recife: Cepe, 2012.

FOUCAULT, M. *Naissance de la biopolitique*. Paris: Ehess; Gallimard; Seuil, 2004.

GAYON, J. *Darwinism's struggle for survival. Heredity and the hypothesis of natural selection*. Cambridge: University Press, 1998.

GODFREY-SMITH, P. *Darwinian populations and natural selection* Oxford: University Press, 2011.

GOULD, S. J. *Ortogeny and philogeny*. Cambridge, Massachussets: The Belknap Press, 1977.

GUILLO, D. *Les Figures de l'organisation. Sciences de la vie et sciences sociales au XIX<u>e</u> siècle*. Paris: PUF, 2003.

GUYADER, H. *Geoffroy Saint-Hilaire: a visionary naturalist*. Chicago: University of Chicago Press, 2004.

HAZLITT, W. "An examination of Mr. Malthus' doctrines". Pyle, A. (ed.), *Population. Contemporary responses to Thomas Malthus*. Bristol: Thoemmes Press, 1994, pp. 170-192.

HIMMELFARB, G. *Victorian minds. A study of intellectuals in crisis and of ideologies in transition*. Nova York: Harper Torchbooks, 1970.

JACOB, F. *A lógica da vida. Uma história da hereditariedade*. Rio de Janeiro: Graal, 1982.

KOLBERT, E. *A sexta extinção*: uma história não-natural. Trad. Mauro Pinheiro. Rio de Janeiro: Intrínseca, 2015.

KUNTZ, R. *Capitalismo e natureza. Ensaios sobre os fundadores da Economia Política*. São Paulo: Brasiliense, 1982.

LAMARCK, J.-B. *Filosofia zoológica*. Tradução C. Hirata, J. Namba e A. C. Soliva. São Paulo: Unesp, 2019.

LEBRUN, G. *Kant e o fim da metafísica*. Trad. Carlos Alberto de Moura. São Paulo: Martins Fontes, 1992.

LENNOX, J. G. "Darwin and teleology". In: Ruse, M. (ed.), *The Cambridge encyclopedia of Darwin and evolutionary thought*. Cambridge: Cambridge University Press, 2013, pp. 152-157.

MALTHUS, T. *An essay on the principle of population*. Oxford: OUP, 2008.

MARQUES, A. *Organismo e sistema em Kant*. Lisboa: Presença, 1987.

MOURA, C. A. *Nietzsche. Civilização e cultura*. São Paulo: Martins Fontes, 2014.

NIETZSCHE. *Para além do bem e do mal*. Tradução Paulo César de Souza. São Paulo: Companhia das letras, 1992.

_____. *Obras incompletas*. Tradução Rubens Rodrigues Torres Filho. São Paulo: Editora 34, 2012.

OSPOVAT, D. *The development of Darwin's theory*. Cambridge: Cambridge University Press, 1981.

OWEN, R. *On the nature of limbs* (1849). Ed. Ron Amundson. Chicago: The University of Chicago Press, 2007.

PASSMORE, J. A. *Ralph Cudworth. An interpretation*. Bristol: Thoemmes Press, 1990.

PIMENTA, P. P. *A trama da natureza. Organismo e finalidade na época da Ilustração*. São Paulo: Unesp, 2018.

RICHARDS, R. J. *The Meaning of Evolution*: the Morphological Construction and Ideological Reconstruction of Darwin's Theory. Chicago: University of Chicago Press, 1992.

RUDWICK, M. *Worlds before Adam. The reconstruction of geohistory in the age of reform*. Chicago: University of Chicago Press, 2010.

RUSE, M. *The Darwinian revolution. Science red in tooth and claw*. 2a edição. Chicago: University of Chicago Press, 1999.

RUSE, M.; RICHARDS, R. J. (Eds.). *The Cambridge Companion to the Origin of Species*. Cambridge: Cambridge University Press, 2007.

SHANANHAN, T. *The evolution of Darwinism*. Cambridge: Cambridge University Press, 2004.

SCHLANGER, J. *Les métaphores de l'organisme*. Paris: Vrin, 1971.

SHEEHAN, J.; WAHRMAN, D. *Invisible hands. Self-organization and the Eighteenth Century*. Chicago: The University of Chicago Press, 2015.

STOTT, R. *Darwin's ghosts. In search of the first evolunionists*. Londres: Bloomsbury, 2012.

VEIGA, J. E. *Amor à ciência. Ensaios sobre o materialism de Darwin*. São Paulo: Senac, 2017.

WALLACE, A. R. *Darwinismo. Uma exposição da teoria da seleção natural com algumas de suas implicações*. Tradução Antonio Padua Danesi. São Paulo: Edusp, 2012.

Sobre este livro

A ideia deste ensaio surgiu a partir da tradução que fiz da *Origem das espécies* entre 2017 e 2018, publicada pela editora Ubu, de São Paulo. Não fosse pelo entusiasmo e interlocução constante de Fernanda Diamant e Florencia Ferrari, eu não teria aceitado o encargo dessa tarefa, pois nunca fui estudioso de Darwin. Este livro é dedicado a elas, que me impeliram a sê-lo, que tenha sido por um tempo. A Ricardo Ribeiro Terra devo provocações teóricas às quais espero ter respondido aqui, ao menos parcialmente. Janaina Namba leu a última versão do texto e fez sugestões preciosas. Versões preliminares foram apresentadas em uma sessão do grupo Filosofia e História Natural, em maio de 2018, na USP, a convite de Isabel Coelho Fragelli; em um debate em torno da *Origem das espécies* promovido pelo jornal *Folha de S.Paulo* em setembro de 2018, com participação de Reinaldo José Lopes e Maria Isabel Landim; e, por fim, como parte de um evento (o célebre "Darwin Day"), a convite de Maria Isabel Landim e com as presenças de Mario Cesar Cardoso de Pina e Nélio Bizzo. Deixo registrado aqui o meu agradecimento a observações e questionamentos feitos pelos presentes nessas ocasiões.